Wilhelm Schmidt

Die Lehre des Apostels Paulus

Wilhelm Schmidt

Die Lehre des Apostels Paulus

ISBN/EAN: 9783744681988

Hergestellt in Europa, USA, Kanada, Australien, Japan

Cover: Foto ©ninafisch / pixelio.de

Weitere Bücher finden Sie auf **www.hansebooks.com**

Die Lehre

des

Apostels Paulus.

Von

Prof. D. Wilh. Schmidt.

Gütersloh.
Druck und Verlag von C. Bertelsmann.
· 1 8 9 8.

Inhalt.

Die Quellen.

Zwei Wege sind möglich, auf denen die reichliche Litteratur, welche dem Apostel Paulus zugeschrieben wird, als Quelle seiner Lehre zur Verwertung kommen kann. Der eine ist, daß die betreffenden Schriftstücke in der Reihenfolge ihrer Entstehung als urkundliche Ausweise dafür benutzt werden, wie die paulinische Lehre allmählich geworden ist. Dieser Weg würde als historisch= genetisches Verfahren der nächstliegende sein.

Dennoch empfiehlt er sich aus dem Grunde nicht, weil über den urkundlichen Wert der Areopagrede und der Thessalonicher= briefe vor den allein so gut wie unbestrittenen Briefen an die Galater, an die Korinther und an die Römer, sowie über den urkundlichen Charakter der sogen. „Gefangenschaftsbriefe" und vollends der „Pastoralbriefe" nach jenen Homologumenen die Urteile auseinandergehen.

Es bleibt daher unter den obwaltenden Umständen nur der andere Weg übrig, von den vier genannten Briefen auszugehen, über deren Echtheit nahezu Einhelligkeit herrscht,[1]) und von der aus ihnen erhobenen Lehre aus den übrigen Nachlaß zu prüfen und je danach zu verwerten.

Dieser Weg empfiehlt sich zugleich um deswillen, weil die eigentümliche Lehre des Apostels am bestimmtesten und ausgiebig=

---

[1]) „Die von Evanson (1792) und B. Bauer, neuerdings von A. D. Lomann, A. Pierson, S. A. Naber und W. C. van Manen, endlich auch von Steck und Völter unternommenen Angriffe hängen, was das Einzelne betrifft, mit einer ungenügenden und kaprizierten Exegese zusammen. Hinsichtlich der Grund= anschauung aber beruhen sie auf gewaltsamer Anwendung eines apriorischen Schemas der Entwicklung auf Vorgänge, die in ihrer einmal dagewesenen Eigenart, auf schriftstellerische Individualitäten, die in ihrem singulären Dasein erkannt und gewürdigt sein wollen" (Heinr. Holtzmann, Lehrbuch der historisch=kritischen Einleitung in das Neue Testament ³, 1892, S. 206. 207).

ften in jenen am wenigsten angefochtenen Sendschreiben zur Aus=
prägung kommt.

Nur der Brief an die Hebräer, zwar den ältesten Vätern
bekannt — Clemens Rom. führt keine neutestamentliche Schrift in
dem unter seinem Namen bekannten Schreiben der römischen Ge=
meinde an die korinthische so oft[1]) an, wie ihn —, doch von
schwankender kanonischer Schätzung, weil die paulinische Herkunft
bestritten wurde, bleibt von vornherein von der Berücksichtigung
in diesem Zusammenhange ausgeschlossen.

1. Die Meinung, daß sämtliche Paulusbriefe unecht seien
und ihren Ursprung vielmehr erst dem zweiten Jahrhundert ver=
dankten, wird den Thatsachen nicht gerecht. Wären sie, wie man
dann konjiciert, heidenchristlichen Ursprungs, aus einer Kombination
stoischer und philosophischer Gedanken entstanden, so bleibt
der ausgeprägte jüdische Hintergrund unerklärt. War dagegen
Paulus der Verfasser, zwar von jüdischen Eltern, aber doch in
der Diaspora auf außerpaläftinenfischem Boden geboren, zwar
vermutlich von frühe an in den strengen Satzungen der phari=
säischen Partei, der sein Vater wie seine Vorfahren angehörten,
aber doch in Tarsus in Cilicien inmitten einer wesentlich hellenisti=
schen Bevölkerung aufgewachsen, deren Schulen mit denen in
Athen und in Alexandria wetteiferten: so wird es verständlich,
daß sich mit dem jüdischen Grundcharakter eine Aufgeschlossenheit
für die Gedanken und Fragen der übrigen Welt von damals ver=
band und für den Dienst des Evangeliums auch an ihr prä=
disponierte. Selbst der Umstand, daß der milde und gemäßigte
Gamaliel (Apg. 5, 34. 35) sein besonderer Lehrer (Apg. 22, 3)
wurde, konnte dem Durchbrechen des jüdischen Partikularismus
und dem Erfassen der universalen Bedeutung des Evangeliums
eher förderlich als hinderlich sein. So gewiß die Familien=
tradition es ausschließt, daß etwa die Bildung des Paulus in
den griechischen Schulen ihre Wurzel gehabt haben sollte: so
gewiß wird er sich ihrem Einfluß nicht entzogen haben noch haben

---

[1]) Er citiert Hebr. 1, 3. 4. 5. 7. 13 (ep. 1 ad Cor. c. 36); 3, 2 (c. 17);
3, 5 (c. 52); 4, 15 (c. 36 u. c. 64); 6, 18 (c. 27); 7, 1—3 (c. 64); 8, 1—3
(c. 36); 9, 5 u. 7 (c. 9); 9, 17 (c. 10); 9, 31 (c. 12); 9, 37 (c. 17);
während aus dem Römerbrief 1, 32 (c. 35); 4, 3 (c. 10); 9, 5 (c. 32) und
aus den Korintherbriefen 1. Kor. 1, 1. 12 (c. 47); 1, 31 (c. 13); 2, 9 (c. 34);
12, 26 (c. 37); 15, 20 (c. 24) und 2. Kor. 10, 17 (c. 13) erwähnt werden.

entziehen können. Und eben dieses doppelte Gesicht zeigt die Theologie der Paulusbriefe, nur daß diese weder aus dem jüdischen Geist noch aus dem des Hellenismus noch auch aus der Kombination beider, sondern aus dem specifisch-christlichen Geist geboren ist, in diesem ihren eigentümlich originalen Charakter hat und nur so erklärlich wird.

„Die Genesis des paulinischen Evangeliums" (Holsten) ist letztlich in dem Ereignis zu suchen, von dem Paulus selbst sein Apostolat ableitet (Röm. 1, 5; 1. Kor. 9, 1; Gal. 1, 15) und bekennt, daß er in ihm von Christus Jesus ergriffen — κατελήφθην Phil. 3, 13 —, überwunden, in Besitz genommen und zu seinem Eigentum gemacht worden ist. Seine Autorisation zu apostolischem Wirken weiß er daher allein als eine von Christus, nicht von irgend einem Menschen oder nur menschlicher Ver-mittlung (Röm. 12, 3; 15, 15; Gal. 1, 1. 11).

Unberührt von den Differenzen der drei Berichte der Apostel-geschichte über das Vorkommnis (Apg. 9, 1—20; 22, 4—16; 26, 11—20) bleibt der gemeinsam und übereinstimmend berichtete Kern, daß die innere Umwandlung des Saulus sich nicht o h n e einen objektiven, in die Sinnenwelt desselben fallenden Vorgang vollzogen hat. Irgendwie participieren auch die Begleiter an der Wahrnehmung. Einer lediglich natürlichen Erklärung der sinnen-fälligen Begleiterscheinung widersteht sowohl die Thatsache, daß Saulus selbst sie an Ort und Stelle nicht so versteht, als auch die andere, daß er sie später, man möchte sagen, bei ruhiger Er-wägung nie so verstanden und sein ganzes folgendes Leben hindurch sich immer vielmehr auf sie berufen hat als auf das Phänomen, durch das ihn der auferstandene Christus, den er sah (1. Kor. 9, 1; ἑώρακα; 1. Kor. 15, 8: ὤφθη κἀμοί), zu seinem Apostel ausgesondert und verordnet hat.

Freilich blieb es bei alledem eine ἀποκάλυψις „ἐν ἐμοί" (Gal. 1, 15). Den tiefsten Sinn des Vorganges verstand nur er; wie er auch nur ihm recht eigentlich galt. Man kann auch weiter sagen: Nur ein Saulus konnte sie verstehen. Es gehörte eben doch die ganze geschichtlich so gewordene Eigenart desselben dazu, um gerade so ergriffen und gewandelt zu werden. Freilich kann es nicht an psychologisch vorbereitetem Boden bei ihm ge-fehlt haben. Ebenso kamen auch alle die geistigen Einflüsse zur Geltung und Verwendung, unter denen er gestanden hatte.

Nimmermehr kann es ein magischer Prozeß gewesen sein. Sollte die Wirkung eine nachhaltige sein, so konnte sie nur innerlicher Art, so mußte sie eine innerliche Umwandlung sein; so mußte sie den ganzen inwendigen Menschen ergreifen. Aber es giebt über= haupt keine Offenbarung, die ohne das „ἐν ἐμοί" zustande kommen könnte. Die Objektivität des Vorganges wird dadurch so wenig entbehrlich als vielmehr gefordert. Denn ohne sie würde es auch nicht zur ἀποκάλυψις „ἐν ἐμοί" kommen. Eine Illusion würde sich nicht für die Dauer zu halten vermögen.

Für Paulus ist es ein objektiver Vorgang. Ein Vorgang, auf den hin er den Anspruch erhebt, ein klassischer Zeuge der Auferstehung zu sein. Dieser objektive Vorgang wird für ihn zum subjektiven Wendepunkt, und dieser subjektive Wendepunkt zum objektiven seines Lebens — zur Genesis seines Evangeliums, des Evangeliums von dem, den es eben so Gott gefallen hat in ihm zu offenbaren — „εὐδόκησεν ὁ θεὸς — ἀποκάλυψαι τὸν υἱὸν αὐτοῦ ἐν ἐμοί" (Gal. 1, 15).

2. Je nachdem man die Pastoralbriefe mit zur paulinischen Litteratur rechnet oder nicht, unterscheidet man in dieser vier oder drei Gruppen. Die erste Gruppe der Vierteilung repräsentieren die Missionspredigt der Apostelgeschichte und die Thessalonicherbriefe.

Die erste ausführlichere paulinische Rede der Apostelgeschichte (13, 16—41) in der Synagoge von Antiochia in Pisidien wird als unecht beanstandet. Nicht sowohl Rede des Paulus, als freies Er= zeugnis des Verfassers der Apostelgeschichte nach Analogie der Reden des Stephanus und des Petrus entbehre sie paulinischer Eigenart. Baur, Paulus, S. 101.[1]) Indessen selbst diese Analogie zugegeben, die Unechtheit wäre damit noch nicht bewiesen. Wenn Paulus Zeuge der Rede des Stephanus war, wie wir wissen: ist es dann unmöglich, daß er selbst den Eindruck bewahrt und gelegentlich nach dieser Analogie geredet hat? Ja, was lag näher, zumal in der Synagoge, als ein solcher geschichtlicher Rückblick? Und ist es nicht paulinisch, wenn es V. 38 heißt: „So sei es nun euch kund, daß euch verkündet wird Vergebung der Sünden durch diesen und von dem allen, wovon ihr nicht konntet im Gesetz des Moses gerecht werden"; und V. 39: „Wer aber an diesen glaubt,

---

[1]) „Wie wenig trägt der ausführliche Vortrag . . . einen paulinischen Charakter an sich, wie auffallend dagegen ist das Abhängigkeitsverhältnis . . . zu den im vorangehenden Teil der Apostelgeschichte enthaltenen Reden."

der ist gerecht"? Oder ist es nicht durch das Auditorium hin=
länglich motiviert, wenn dem gegenüber die Rede auf dem Areopag
(Apg. 17, 22—31) an das heidnische Empfinden anknüpft? Aber
war er es auch wirklich, der es that? Daß auch diese Rede viel=
mehr die kunstvolle Ausarbeitung des Historikers sei, sollte, sagt
Hausrath, Paulus, S. 313, niemand bestreiten, der paulinische
Briefe gelesen hat. Aber die Kapacität des Apostels zu dieser
Rede auf Grund seiner Briefe in Abrede stellen, kommt doch einer
Unterschätzung derselben gleich, die niemand, möchte man in der=
selben Tonart erwidern, zugeben sollte. Auch daß der Verfasser
der Apostelgeschichte die Rede fingiert habe, möchte für ihn eine,
wenn nicht unlösbare, so doch sehr viel schwerere Aufgabe ge=
wesen sein, als für einen Paulus unter dem Eindruck der atheni=
schen Verhältnisse das Original. Ernst Curtius, Paulus in
Athen, Sitzungsberichte der Berliner Akademie 1893, Nr. 43. 44,
bekennt sich rundweg für die Echtheit: „Paulus machte es hier
wie Sokrates, indem er Tag für Tag mit den ihm auf der
Straße Begegnenden Gespräche anknüpfte", und Leop. v. Ranke,
Weltgeschichte III, 1, S. 186, sieht darin „ein weltgeschichtlich
hochbedeutsames Faktum".

Zeitlich am nächsten stehen diesen Missionsreden die beiden
Thessalonicherbriefe, obgleich sie nicht sowohl „von Athen" (Unter=
schrift) als von Korinth geschrieben sind. Wandte sich doch
Paulus direkt von Athen nach Korinth, und in der ersten Zeit
seiner dortigen anderthalbjährigen Wirksamkeit, unmittelbar (ἄρτι
1. Thess. 3, 6) nach der Rückkehr des Timotheus zu Paulus,
nicht lange nach der Gemeindegründung in Thessalonich (1. Thess.
1, 9), vor dem Tode des Claudius († 54), im Jahre 53 etwa[1])

---

[1]) Nach der von Ab. Harnack, Chronologie der altchristlichen Litteratur
bis Eusebius I, 1897, S. 233 ff., vorgetragenen „Chronologie des Paulus"
würden die Thessalonicherbriefe vielmehr in das Jahr 48/49 fallen. Das
grundlegende Datum dieser Chronologie bildet die Zeitbestimmung der Ab=
berufung des Prokurators Felix und seines Ersatzes durch Festus (Apg.
24, 27). Bisher nahm man vorwiegend das Jahr 60 an. Schürer, Ge=
schichte des jüdischen Volkes I, S. 483, hielt eine genaue Fixierung für
„leider nicht möglich". O. Holtzmann, Neutestamentliche Zeitgeschichte, 1895,
S. 248, berechnet 55, Friedr. Blaß, acta apost. 1895, S. 21: 56. Für den
Sommer desselben Jahres entscheidet sich Ab. Harnack (S. 237). Dann ist
Paulus Ostern 54 (Apg. 24, 27) in Jerusalem gefangen gesetzt worden.
Ende 53 bis Anfang 54 war er in Korinth, im Herbst 53 in Macedonien,

schrieb er die Briefe, recht eigentlich, um sein durch seine gewalt=
same Vertreibung vorzeitig abgebrochenes Missionswerk an den
Thessalonichern fortzusetzen. Baur, Paulus, der Apostel Jesu
Christi, 1845, S. 480—492, ist mit seiner Bestreitung der Echt=
heit der beiden Briefe auf lebhaften Widerspruch gestoßen. „Der
Verdacht in seiner weitesten Anwendung erscheint als ein will=
kürlicher, einem geschichtlichen System zu gefallen erhobener, und
den etwaigen Dunkelheiten .... stehen Stellen entgegen, in
welchen sich der Geist und Charakter des Apostels in un=
gekünstelter, klarer Weise kund giebt" (Eduard Reuß, Geschichte
der heiligen Schriften Neuen Testaments. Erste Abteilung[5],
1879, S. 73). Und daß ein Pseudonymus ein Menschenalter nach
des Apostels Tode ihm noch die Hoffnung in den Mund legen
sollte, die Wiederkunft zu erleben, 1. Thess. 4, 17: „Danach auch
wir, die wir leben und überbleiben, werden zugleich . . . hin=
gerückt werden dem Herrn entgegen in der Luft . . .", das an=
zunehmen, hat doch einige Schwierigkeiten.[1])

Als die zweite Gruppe der Vierteilung gelten die sogen.
paulinischen Homologumena, die Briefe an die Galater, Korinther,
Römer, als deren gemeinsam einheitliches Programm Gal. 2,
14—21 angesehen wird. Man nimmt an, daß diese vier
sogen. „Lehr= und Streitbriefe" unter dem Gegensatz gegen
den Judaismus stehen und aus den Kämpfen dawider entstanden
sind. Eine direkte Auseinandersetzung mit einer judaistischen Be=
wegung, welche die Beschneidung fordert und zwischen Juden=
und Heidenchristen einen Unterschied zugunsten der ersteren macht,
enthält nur der Galaterbrief. Aber selbst hier erscheint diese Be=
wegung nicht sowohl wie eine allgemeine als wie eine vereinzelte
von mäßigem Umfang. In den Korinther= und Römerbriefen
vollends tritt das polemische Interesse entschieden hinter dem lehr=
haften zurück.[2])

---

mithin in Ephesus seit ca. Anfang Winter 50. Vorher kurz in Jerusalem,
drei Jahre auf der zweiten Missionsreise, in Korinth Herbst 48 bis Früh=
jahr 50.

[1]) Übrigens sind „die Voraussetzungen der Baurschen Schule, man kann
fast sagen, allgemein aufgegeben" (Harnack, S. 17). Dagegen Hilgenfeld,
Zeitschr. 1898, S. 139: „lange nicht zum ersten Male totgesagte Schule."

[2]) A. Harnack setzt Galaterbrief: 50—53, Korintherbriefe: 53, Römer=
brief: Winter 53/54 (I, S. 239).

Als die dritte Gruppe der Vierteilung figurieren die sogen. Gefangenschaftsbriefe.

Der Kolosserbrief[1]) enthält zwar auch eine Warnung vor mechanischem Gesetzesdienst (2, 16 u. 17): „Niemand nun richte euch im Essen und Trinken oder im Punkte eines Festes oder Neumondes oder Sabbaths, welches ist ein Schatten der zu=künftigen Dinge, das Wesen aber ist das Christi — τὸ δὲ σῶμα τοῦ Χριστοῦ —, aber es ist eine neben andern, sie steht hart neben der vor abergläubischem Engeldienst; so daß die Abwehr in beiden Fällen dem Aberglauben gilt, der sich dort an Speise= und Tageswahl und hier an den Engeldienst anschließt. Um das Gesetz im Sinne des Judaismus handelt es sich dabei kaum. Daß 2, 11: „in welchem — Christus — ihr auch beschnitten wurdet mit einer Beschneidung, die nicht mit Händen gemacht ist" mit der „περιτομὴ ἀχειροποίητος" auf die περιτομὴ ἐν σαρκὶ χειροποίητος (Eph. 2, 11) hinweist, welche die Judaisten empfehlen, ist möglich, kann aber auch ohne diese Beziehung gemeint sein und genommen werden. Dasselbe gilt von der „ἀκροβυστία τῆς σαρκὸς ὑμῶν" (2, 13), die durch Christus überwunden ist. Der Grundgedanke des Briefes ist: „Χριστός ἐστιν" „ἡ κεφαλὴ" τῶν πάντων, „πάσης ἀρχῆς καὶ ἐξουσίας" (2, 10); 2, 3: „ἐν ᾧ εἰσιν πάντες οἱ θησαυροὶ τῆς σοφίας καὶ γνώσεως ἀπόκρυφοι"; und der Anlaß das seelsorgerliche Interesse der Bewahrung der Gemeinde vor Verführung durch falsche Weisheit — „διὰ τῆς φιλοσοφίας καὶ κενῆς ἀπάτης κατὰ τὴν παράδοσιν τῶν ἀνθρώπων" (2. 8).

So kann man in den bekämpften Irrlehren gnostische (2, 8), asketische (2, 16), theosophische (2, 18: ἃ ἑώρακεν ἐμβατεύων

[1]) Kol. 4, 10: „Es grüßet euch Aristarchos, mein Mitgefangener — ὁ συναιχμάλωτός μου." Ob mitgefangen in Cäsarea oder in Rom, demzufolge ob der Brief in der Gefangenschaft dort oder in der hier geschrieben wurde, ist nicht auszumachen. Nur soviel ist gewiß, daß es dieselbe Umgebung ist, von der Paulus im Kolosserbriefe, 4, 10—14, und in dem an den Philemon, 23. 24, grüßt, und derselbe Bote Tychikus, der den Kolosserbrief, 4, 7—9, und den Epheserbrief, 6, 21 u. 22, — der Ausdruck ist in beiden Stellen wörtlich derselbe: „ὃν ἔπεμψα πρὸς ὑμᾶς εἰς αὐτὸ τοῦτο, ἵνα περὶ ἡμῶν καὶ παρακαλέσῃ τὰς καρδίας ὑμῶν" — überbringt. Die drei Briefe werden also gleichzeitig geschrieben sein. „Die Überzeugung von der Echtheit des Kolosserbriefes gewinnt mit Recht immer mehr Anhänger" (A. Harnack ib.).

— was er durch Spekulation erschaut hat —) Ansätze finden,
aber nicht eigentlich antijudaistische Polemik. Dem allen gegen=
über verweist der Apostel auf Christus, dessen Leben (2, 17:
σῶμα τοῦ Χριστοῦ) und dessen Weisheit (2, 3: „ἐν ᾧ πάντες
εἰσὶν οἱ θησαυροὶ τῆς σοφίας καὶ γνώσεως ἀπόκρυφοι“).[1]

Der gleichzeitig abgefaßte und expedierte, daher begreiflicher=
weise vielfach — an 28 Stellen — anklingende Epheferbrief
geht ebensowenig in dem Interesse der Polemik gegen das Vor=
urteil der Juden auf, die Heiden nicht zur Kirche zu laſſen (Berle=
burger Bibel), sondern seelsorgerische Paränese ist auch sein vor=
herrschender Zweck: Die Gemeinde, die in Christus Jesus ist. Daß
die, an die er schreibt, so ist oder so sind,[2] erhebt den Apostel zu
dankendem Gottespreis. Daß sie je länger je mehr so werde, das ist
seine Ermahnung und Fürbitte. Welch eine Neuschöpfung im Ver=
gleich mit dem Todeszustand von früher (2, 1 ff.) und freilich ohne
nationale Schranken, sondern für Heiden und Juden, alle „συν-
πολῖται τῶν ἁγίων καὶ οἰκεῖοι τοῦ θεοῦ“ (2, 19); freilich ein
heiliger Tempel im Herrn, in dem auch die Heiden in Ephesus
mit aufgebaut werden zur Behauſung Gottes im Geist (2, 21. 22).
Und freilich ist es die dem Apostel gewordene Offenbarung und
Einsicht, daß die Heiden Miterben und Leibesgenoſſen, σύνσωμα,
und Teilnehmer an der Verheißung in Jesus Christus sind durch
das Evangelium (3, 6). Freilich ist gerade ihm die Gnade ver=
liehen, den Heiden zu predigen den unergründlichen Reichtum
Christi (3, 8); und die Bande trägt er für sie (3, 1). Also
sein Heidenapostolat kommt auf das Bestimmteste zum Ausdruck,
der universelle Charakter der Frohbotschaft wird nachdrücklich her=

---

[1] Gegen die Hypothese H. Holtzmanns (I, S. 264), der jetzige Kolosser=
brief sei von dem Verfaſſer des Epheserbriefes durch Interpolationen in einen
echten Paulusbrief hergestellt worden, erklärt Adolf Jülicher, Einleitung in
das Neue Testament, 1894, S. 91: „Kol. für sich allein entspricht allen An=
forderungen, die billigerweise an einen von Paulus — ganz ohne Mit=
redaktor — ... nach Koloſſä gerichteten Brief gestellt werden können.“ „In
der Überlieferung fehlt Kol. nie unter den Paulusbriefen“ (S. 89).

[2] „Vermutlich ein Cirkularschreiben an solche asiatische Gemeinden, die
von Paulus nicht gestiftet sind“ (Harnack, S. 239). „Daß ἐν Ἐφέσῳ in
der Aufschrift unecht ist“, nennt er „allgemein zugestanden“. Aber die
Hauptanstöße sieht er, wie schon de Wette, der zuerst an der paulinischen
Abfaſſung zweifelte, mit Jülicher, Einleitung, S. 96, in einzelnen Stellen,
nämlich 4, 11; 2, 20; 3, 5 (ib.).

vorgehoben und steht im Mittelpunkt der ganzen Erörterung. Aber doch nun nicht so, als ob es sich darum gehandelt hätte, das erst zu beweisen oder im Kampfe zu behaupten, sondern von dieser Thatsache aus ergeht die Paränese, ihr gemäß, der univer=sellen Gnade würdig, in gegenseitiger Liebe zu wandeln (4, 1 u. 2.). Nicht Judaismus und Paulinismus ist der Gegensatz, von dem hier die Rede ist, sondern der alte und der neue Mensch (4, 17—5, 21) und die daraus für den Christen resultierenden allgemeinen und (5, 22—6, 9) häuslichen Pflichten. Und das ist das dem entsprechende Ziel, mächtig zu werden im Herrn und in der Gewalt seiner Stärke: „ἐνδυναμοῦσϑε ἐν κυρίῳ καὶ ἐν τῷ κράτει τῆς ἰσχύος αὐτοῦ" (6, 10).

Der dritte gleichzeitige Brief an Philemon, „ein meisterlich lieblich Exempel christlicher Liebe" nach Luthers sinnigem Aus=druck, dieses Muster= und Meisterstück, sociale Fragen zu be=handeln und sociale Probleme zu lösen, zugleich ein thatsächliches Dokument so für den eminent ethischen Charakter des Christen=tums wie für den Ernst des lebhaften Apostels, die christlichen Gedanken auf die konkreten Verhältnisse des Lebens anzuwenden, spottet allen Angriffen auf seine Authentie. Weiß schon Hieronymus im Proömium zu der Epistel von solchen zu berichten, welche Anstoß nehmen an ihrer Einfachheit und daraus folgern, entweder sei der Brief nicht von Paulus oder, wenn auch, so habe er doch nichts, was uns erbauen könne: so möchte man eher geneigt sein, dieses Kapitel praktischen Christentums eine besonders wirksame erbauliche Predigt für alle Zeiten und nicht am wenigsten für die unsere zu nennen. Auch Hieronymus ist keineswegs gewillt, diesem vereinzelten Widerspruch beizupflichten.

Ist andrerseits der Tübinger Kritik die Geschichte zu sinnig, um wahr zu sein: so wird man mit größerem Rechte sagen dürfen, sie sei zu lebenswahr, um erdichtet zu sein. Überdem spiegelt sich in dem knappen Sendschreiben mit der Seelengröße des Apostels auch seine Gedankentiefe. Daß die Liebe nur Wert hat, wenn sie freiwillig ist, daß alle Wohlthat ungezwungen sein muß (V. 14); daß der gemeinsame Glaube alle socialen Unter=schiede verklärt und überbrückt und doch nicht aufhebt, mit andern Worten, daß er sie innerlich überwindet, ohne sie in ihrem ge=schichtlich rechtlichen Bestande anzutasten: das ist christliche Art und christliche Tiefe. Der Brief gleicht einer Perle, die ihre einzig eigentümliche Schöne erst dem sinnenden Beschauer enthüllt, aber als Quelle der Lehre des Paulus nehmen wir ihn nicht in Anspruch und malträtieren wir ihn nicht in einem Interesse, dem er nicht dient, das diesem Privat= und Gelegenheitsschreiben ganz fern liegt.

Einen familiären und ganz überwiegend, die lehrhaften Einzelabschnitte nicht ausgeschlossen, ethischen Charakter trägt in seiner Art auch der vierte Brief aus der Gefangenschaft an die Philipper. War bei den drei vorgenannten Episteln es zweifel= haft, ob sie in Cäsarea oder in Rom geschrieben und ausgefertigt worden seien, so datiert der Philipperbrief ohne Frage aus der letzten Zeit der Gefangenschaft in Rom. Paulus befindet sich in „seinen Banden" und doch zugleich in der Verteidigung und Be= festigung des Evangeliums (1, 7). Man weiß von ihm und seinen Erfolgen als Gefangener im ganzen Prätorium (1, 13); selbst οἱ ἐκ τῆς Καίσαρος οἰκίας (4, 22) sind unter denen, von denen er grüßt. Da ist die Situation in Rom hinreichend ge= zeichnet. Gegen Ende, im Frühjahr 64. Erheblich später als die drei andern Briefe.

Die paulinische Herkunft des Briefes bezeugt der muratorische Kanon. Eusebius führt ihn unter den ὁμολογούμενα an. Marcion schreibt ihn dem Paulus zu. Polykarp, Ignatius, Irenäus, Clemens Al., Origenes, Tertullian wissen von ihm. Baur, Paulus, 1845, S. 458—475, und Schwegler, Nach= apostolisches Zeitalter II, 1846, S. 133—135, finden „gnostische Ideen" in ihm und erklären ihn für nachapostolisch. Lünemann und Brückner verteidigen seine Echtheit gegen diese Angriffe. Eine Polemik gegen den Judaismus ist auch in ihm nicht nachweisbar. Zwar sind die Irrlehrer, die Hunde, die bösen Arbeiter, vor denen 3, 2 ff. warnt, offenbar solche, die sich auch auf ihre Beschneidung und jüdische Herkunft etwas zugute thun und eine Trennung, Spaltung der Gemeinde, κατατομή, im Schilde führen, und Paulus beruft sich ihnen gegenüber, daß er es auch in dieser Hinsicht mit ihnen aufnehme, als sowohl am achten Tage Be= schnittener wie als „Vollblut"=Hebräer: aber weder haben diese Leute bereits Anhang in der philippinischen Gemeinde, sondern sind zunächst nur erst eine drohende Gefahr, noch ist dieser jüdische Dünkel alles, was von ihnen zu befürchten ist, sondern nur Vorwand für die freche, profane, unreine Gesinnung (κύνες), die sie dahinter verbergen. Und eben erst diese ihre nicht nur ungeistliche, sondern brutale Art könnte wie ein Meltau auf das liebliche Aufblühen der zu den besten Hoffnungen berechtigenden Gemeinde fallen und verderblich werden. Nur so sind die starken Ausdrücke mitten in diesem von der Anmut des gegenseitig persönlich warmen Verhältnisses durchwehten Sendschreibens verständlich und motiviert. Der bloße judaistische Gegensatz würde sie nicht berechtigen.

Die Philipper haben dem gefangenen Apostel [nach Rom durch Epaphroditus eine Geldspende gesendet. Dieser war infolge der Reise krank geworden. Nach seiner Genesung kehrt er mit dem Briefe zurück, der zunächst ein Dankschreiben ist. Die innige Liebe zu der Gemeinde möchte sie zugleich hüten vor allerlei Gefahren und ermahnt sie zum einmütigen Geiste, zusammenzu stehen und zu kämpfen, ein Herz und eine Seele für den Glauben an das Evangelium wider alle Widersacher (1, 27); in demütiger Selbstverleugnung dem Vorbilde Jesu gemäß (2, 1 ff.) nach der Gerechtigkeit, nicht nach der, die aus Gesetzeswerken, sondern die aus Glauben an Christus kommt und von Gott datiert — $\tau \grave{\eta} \nu$ $\grave{\varepsilon} \kappa$ $\vartheta \varepsilon o \tilde{v}$ $\delta \iota \kappa \alpha \iota o \sigma \acute{v} \nu \eta \nu$ (3, 9) —, die man nie hat als einen fertigen Besitz, sondern um die immer gerungen werden muß, nur daß man principiell darauf aus ist (3, 14) und nicht wandle wie die Feinde Christi (3, 18). In diesem Sinne hat ihn die Gabe erfreut, nicht so sehr, daß sie sein Bedürfnis gestillt, als daß sie ihre Gesinnung beweist, die bereit ist zu einem Gott angenehmen Opfer (4, 10 ff.).

Nach alle dem werden wir weder in den Gefangenschaftsbriefen mit A. Sabatier, l'apôtre Paul[3], 1896, p. XIX, und H. Holtzmann, Lehrbuch der neutestamentlichen Theologie, 1887, II, S. 7, die Reise des Paulinismus: „C'est l'âge de pleine et forte maturité",[1] noch mit Schenkel, Das Christusbild der Apostel, 1879, S. 85,[2] und mit Jülicher, S. 91,[3] das Bergab von dem „Höhepunkt seiner

---

[1] Im Unterschied von „la jeunesse de la pensée de l'apôtre" (Missionspredigten der Apostelgeschichte und die Thessalonicherbriefe), „l'âge viril et heroique" (Galater=, Korinther=, Römerbr.).

[2] „Die Schwingen seines Geistes sind gelähmt durch Kerkerwände; er hat gealtert im Gefängnis."

[3] „Wer kann erwarten, daß der gefangene und gealterte Paulus schwierige dogmatische Gedankenkomplexe mit der gleichen sieghaften Frische und Knappheit bewältigt, wie der Paulus auf dem Höhepunkte seiner Kraft?"

Kraft" finden, sondern die Anwendung des in seiner Tiefe und Innerlichkeit verstandenen Christusglaubens auf die Verhältnisse des Lebens in mehr paränetischer als lehrhafter Weise.

Die vierte Gruppe der Vierteilung bilden die drei Hirten= briefe. So heißen sie, weil sie nicht nur an Hirten, den Timotheus und Titus, gerichtet sind, sondern auch deren Hirten= amt, die Predigt und die Leitung der Gemeinde, betreffen. Da= mit hängt es zusammen, daß sie noch weniger dogmatisch gehalten sind als die Gefangenschaftsbriefe und vielmehr eine freilich sehr wertvolle Fundgrube für die praktische, für die Pastoraltheologie sind. Immerhin reicht dieser Anlaß kaum hin, die eigentümliche Physiognomie dieser Gruppe, zumal des zweiten Timotheusbriefes, zu erklären. Ein Wort, wie 2. Tim. 4, 14: „Alexander, der Schmied, hat mir viel Böses bewiesen. Der Herr wird ihm ver= gelten nach seinen Werken" ist mindestens befremdlich im Munde eines Paulus. Vollends, wenn man mit Luther übersetzen müßte: „Der Herr bezahle ihm nach seinen Werken." Aber dazu ist textlich kein Anlaß: „ἀποδώσει αὐτῷ ὁ κύριος κατὰ τὰ ἔργα αὐτοῦ."

Das kirchliche Altertum nimmt indessen keinen Anstoß an der paulinischen Herkunft der Briefe. Clemens Rom., Polykarp, der Brief an Diognet, Clemens Alex., Irenäus, Theophil. († nicht vor März 181/182 [Harnack, S. 723]) ad Autolycum, Tertullian citieren wiederholt aus dem 1. Timotheusbrief. Selbst der 2. Timotheusbrief wird vom „Barnabas"briefe, Ignatius, Polykarp, Irenäus, Clemens Alex., Tertullian angezogen. Der Titusbrief findet bei Clemens Rom., Clemens Alex., Ignatius, Irenäus, Tertullian, Theophil. ad Autolycum Er= wähnung. Eusebius rechnet die drei Briefe ohne Klausel zu den Homologumenen. Die Peschitô hat sie so gut wie der muratorische Kanon. Bis auf die Gnostiker, deren Widerspruch schon Hieronymus auf ihre Härese zurückführt, sind die Briefe von Tatian bis in den Anfang des 19. Jahrhunderts unan= gefochten geblieben. Lange vor Baur, schon von Schleiermacher wurden sie aus inneren Gründen beanstandet; und selbst ein Neander äußerte seine Bedenken über den 1. Timotheusbrief. Die aus philologischen, historischen und chronologischen Gesichtspunkten bis diesen Tag erhobenen Gegeninstanzen sind nicht zwingend. Die sprachlichen Differenzen können durch den Gegenstand der

Behandlung bedingt fein. Es ist nicht notwendig, daß dem Apostel keine weiteren Worte zu Gebote standen, als die in den früheren Briefen angewendeten. Auch die Thatsache, daß von den vielen ἅπαξ λεγόμενα, im 1. Timotheusbriefe 81, im 2. 63, im Titusbriefe 44, einige fast nur bei späteren Autoren gefunden werden, ist nicht beweiskräftig, weil die Litteraturkunde der Zwischenzeit zu einem sicheren Urteil über den fraglichen Sprachgebrauch nicht ausreicht. Dazu kommt, daß auch der Philipperbrief 54 und die Epheser- und Kolosserbriefe 140 Worte enthalten, die die übrige paulinische Litteratur nicht hat. Eine lehrhafte Natur, wie der Apostel, zumal wo es sich darum handelt, neue Gedanken zum Ausdruck zu bringen, wird immer irgendwie wortbildend sein und umsomehr, je originaler und reicher das Neue und sie selber ist.

Der weitere Einwand, daß die Irrlehrer, gegen die sich die Polemik wendet, die Gnostiker des zweiten Jahrhunderts seien, ist ebensowenig stringent. Zwar fällt es für denselben ins Gewicht, daß die Gnostiker des zweiten Jahrhunderts sich durch diese Polemik getroffen fühlen und eben deshalb die Echtheit der Briefe bestreiten. Auch läßt sich nicht wohl in Abrede stellen, daß zwischen den in den Pastoralbriefen zur Sprache kommenden Häresien und der Gnosis des zweiten Jahrhunderts eine Verwandtschaft besteht. Aber so gewiß diese Gnosis im zweiten Jahrhundert nicht plötzlich und unvermittelt aufgekommen ist, sondern ihre geschichtliche Vorbereitung gehabt haben wird, wie jede andere geschichtliche Erscheinung: so gewiß folgt aus jener Verwandtschaft noch nicht, daß die Irrlehren der Pastoralbriefe bereits die der Gnosis des zweiten Jahrhunderts waren und nicht vielmehr ihre Vorstufen und -stadien aus viel früherer Zeit.

Freilich handelt 1. Tim. 2 von den ἐπίσκοποι und διάκονοι, und es ist durchweg in den Briefen auf eine kirchliche Gemeindeordnung und -verfassung abgesehen. Aber über den terminus ante quem non fehlt uns eine deutliche Auskunft. Eine διακονία „τραπέζαις" gab es seit Apg. 6, 3, und πρεσβύτεροι gab's nach Apg. 14, 23 und 20, 17. Ihre amtliche Unterscheidung von den ἐπίσκοποι ist auch aus den Hirtenbriefen nicht nachweisbar. Daß immerhin die ersten Ansätze dazu noch von den Aposteln in Aussicht genommen worden sein werden, ist durchaus naheliegend und unanstößig.

2*

Daß endlich 1. Tim. 5, 3 ff. χήρα im Sinne von „dem Herrn
geweiht" = unverheiratet, ehelos um seinetwillen, gemeint und
gebraucht sei, hat Baur zwar behauptet und daraus auf eine
spätere Entwicklungsstufe geschlossen, aber nicht glaubhaft gemacht
und zu machen vermocht. Der Text bietet zu dieser Meinung
nicht den geringsten Anhalt.

Am schwierigsten ist die Unterbringung der Briefe in chrono=
logischer Beziehung in die Lebenszeit des Apostels. Ohne die
Annahme einer Befreiung aus der römischen Gefangenschaft und
einer zweiten späteren Gefangenschaft kaum zu bewerkstelligen.
Das muratorische Notat, Zeile 38 und 39: „profectionem Pauli
ab urbe ad Spaniam proficiscentis" und die Zeugnisse der
Kirchenväter seit dem vierten Jahrhundert (Athanas. opp. I, 265;
Chrys. opp. II, 515; Hier. catal. c. 5), welche der Annahme
günstig sind, daß Paulus erst nach einer zweiten Gefangenschaft in
Rom den Zeugentod erlitt, beruhen auf Röm. 15, 24 u. 28; die
sie ausschließende Bemerkung des Origines bei Eusebius III, 1
auf Röm. 15, 19; so daß eigentlich geschichtliche Daten nicht vor-
liegen, sondern nur Deutungen der genannten Stellen. Auch
Eusebius 2, 22: „λόγος ἔχει, δεύτερον ἐπιβάντα ἐπὶ τῇ ταύτῃ
πόλει τῷ κατ᾽ αὐτὸν τελειωθῆναι μαρτυρίῳ" ist kein geschicht-
liches Datum, sondern Deutung von 2. Tim. 4, 16.

Auf den Unterschied der Stimmung in den Gefangenschafts=
und in den Pastoralbriefen lege ich keinen Wert. Die Erwartung,
freigelassen zu werden und zur Gemeinde zurückzukehren, wechselt
auch dort mit dem Verlangen, abzuscheiden und bei Christus zu sein
(Phil. 1, 25 u. 26; 2, 24; Philem. 22 und wiederum Phil. 1, 23).
Die bestimmtere Sprache von seinem bevorstehenden Märtyrertod
in 2. Tim. 4, 6 ff. bedingt noch keine neue Gefangenschaft. Wer
das Menschenherz kennt, weiß, daß es, zumal in solcher Lage, hin
und her schwankt zwischen Hoffnung und Furcht. Aber 2. Tim. 4, 16
allerdings ist eine Situation, von der wir sonst nichts wissen.

Ist Paulus nach der ersten Gefangenschaft noch einmal frei
geworden, so müßte das vor Juli 64 d. h. vor dem Brande
Roms und der damit verbundenen Christenverfolgung geschehen
sein. Dann würde für die in den Pastoralbriefen vorausgesetzten
Reisen der erforderliche Zeitraum von zwei Jahren disponibel
werden und der Apostel doch noch der Tradition gemäß unter
Nero den Märtyrertod erlitten haben. Die römische Kirche

nimmt 67 als Todesjahr an. Hätte Paulus noch eine Missions=
reisethätigkeit zwischen der ersten und einer zweiten Gefangenschaft
erlebt, so würde sich das Problem, welches die Pastoralbriefe
bergen, unschwer lösen. Eusebius hält sie für echt und sieht eben
deshalb in ihnen einen Beweis dafür, daß Paulus erst in einer
zweiten römischen Gefangenschaft endete. Es sind korrelate
Fragen. Immerhin fehlt es doch auch nicht an Verteidigern der
Echtheit der Briefe, welche eine zweite römische Gefangenschaft
nicht zugeben. So Wieseler, Thiersch, Ebrard, Schaff, Reuß.
Köhler plaidiert für eine dritte und vierte Gefangenschaft. Neustens
nimmt A. Harnack als Todesjahr 64 entgegen dem Datum des
Eusebius in der Chronik: 67/68, an. Dies und daß Festus 55
(vgl. Tacitus, Annal. XIII, 14) oder 56 (S. 238) an Felix'
Stelle trat, gelten ihm als feste Punkte. Die Bekehrung setzt er
30, Jülicher 35. Zu gunsten Harnacks vgl. 1. Kor. 15, 5—8.
Daß die „ἀποκάλυψις" nicht jahrelang von den übrigen Mani=
festationen des Auferstandenen getrennt gewesen sei, mag als psycho=
logischer Faktor in die Wagschale fallen, aber entscheidend kann er
bei der bestimmten Unterschiedenheit jener ἀποκάλυψις von den
übrigen nicht sein. 54 würde er dann in Jerusalem gefangen,
57—59 in Rom (Apg. 28, 30) gewesen sein. So blieben noch fünf
Jahre bis zu seinem Tode. Paulus, in seinem Prozesse frei=
gesprochen, missionierte weiter (vgl. Pastoralbriefe, 1. Clem., Can.
Murator., Euseb. II, 22, 2) und erlitt in der neronischen Ver=
folgung den Märtyrertod. Die Pastoralbriefe gehören dann zu
den nur „im zweiten Jahrhundert interpolierten Schriften", deren
Anzahl als sehr gering gilt. „Und ein Teil der Interpolationen
ist so harmlos, wie die Interpolationen unserer Gesangbücher und
Katechismen" (Die Chronologie der altchristlichen Litteratur bis
auf Eusebius, Bd. I, 1897, S. VIII).[1]) Alles in allem bleibt die

---

[1]) „Es stehen uns gewisse unzweifelhaft paulinische Stücke in den Pastoral=
briefen zur Verfügung, und gegen die Nachricht, Paulus sei zum τέρμα τῆς
δύσεως d. h. nach Spanien gekommen (vgl. das muratorische Fragment), ist
aus chronologischen Gründen nichts einzuwenden" (S. 239). Jülicher teilt
indessen diese Meinung keineswegs und erklärt, diese Chronologie des Lebens
des Paulus, wonach dieser im Frühjahr 62 nach Rom gekommen sein solle,
habe der sie Vortragende zu beweisen leider unterlassen. Nach Jülicher,
Einleitung, S. 124, deuten „die in den Briefen vorausgesetzten Verhältnisse
und Ordnungen der Gemeinden auf eine von Paulus ziemlich weit entfernte
Zeit." „Bestimmte Personen in bestimmten Ämtern haben den Platz der

Frage der Einordnung der Hirtenbriefe in das Leben des Apostels disputabel, und damit sind sie, wie die Akten jetzt liegen, die mit ausschließenden Gründen weder zu einer Bejahung noch zu einer Verneinung berechtigen, jedenfalls ungeeignet, als Quelle für die Lehre des Paulus verwendet zu werden.

3. Die Quellen reducieren sich also für uns auf die drei Gruppen: die Reden der Apostelgeschichte und die zwei Thessaloniçerbriefe vor den eigentlichen Lehrbriefen und die drei Gefangenschaftsbriefe nach ihnen. Die vier Lehrbriefe haben die Führung.

charismatischen (1. Kor. 12—14) eingenommen (1. Tim. 4, 14). Die Teilung in Klerus und Laienschaft ist, wenn auch die Normen noch fehlen, vollzogen (1. Tim. 5, 17—19). Die Urform der Ordination als Vermittlung besonderer Amtsgnade ist nach 1. Tim. 4, 14 eingeführt. Man legt eben auf feste Formen in der Kirche hohen Wert" (S. 125). „Zu genauerem Ansatz" dient ihm „die Schilderung der Irrlehrer. Selbst wenn nicht 1. Tim. 6, 20 geradezu die fälschlich sogen. Gnosis erwähnt würde, noch dazu ihre Antithesen, was auf das berühmte Hauptwerk Marcions, das diesen Titel trug, zu gehen scheint, kann kein Zweifel sein, daß hier gnostisierende Ketzer bekämpft werden" (S. 125). „Nun passen freilich die zusammengetragenen Züge nicht auf ein einzelnes gnostisches System, etwa des Basilides oder des Marcion, aber das ist in den ignatianischen Briefen ebenso: der Verfasser möchte nicht eine einzelne Form, sondern die ganze Richtung bekämpfen; die Einzelheiten will er gar nicht genau besprechen, principiell beschränkt er sich solchem Gift gegenüber möglichst auf andeutende Behandlung, und da er doch in der Rolle des Paulus bleiben muß, sonach nur weissagend warnen kann, darf er schon nicht mit zu scharfen Strichen malen." Diesen letzten Gedanken halte ich für ein ὕστερον πρότερον. Er setzt voraus, um dessen Beweis es sich eben erst handelt. Auch würde auf ihn Jülichers eigener Satz (S. 127) zutreffen: „Das wäre aber eine Raffiniertheit, die in jener Zeit noch ganz unwahrscheinlich ist" „In diesen Kampf nun", fährt Jülicher fort, „um ihre Existenz mit dem zersetzenden Gnosticismus ist die Kirche erst im zweiten Jahrhundert eingetreten, und da die Pastoralbriefe von jemand geschrieben sind, der den ganzen Ernst solchen Kampfes und die Größe der Gefahren ermißt, können sie nur nach 100 entstanden sein. Mit dem Ansatz ca. 125 werden wir der Wahrheit ziemlich nahe kommen. Der Verfasser ist nicht sowohl ein findiger Redaktor als — gleich dem Verfasser der Apostelgeschichte — ein antiker Schriftsteller, welcher unter unbefangener, freier Benutzung echter Paulusfragmente — freilich durch sie zum Schreiben angeregt — unbefangen pseudonyme Briefe geschrieben d. h. dem Paulus Reden in den Mund gelegt hat im Interesse der bedrängten Kirche; die Kirche hat es ihm gedankt, indem sie seine Erzeugnisse, obwohl sie an geistiger Kraft der Ideen keinen Vergleich mit den echten Paulusbriefen oder mit Hebr. aushalten, ohne Bedenken in die gleiche Reihe mit jenen versetzte" (S. 127).

Die Lehre der vier paulinischen Lehrbriefe.

Δικαιοσύνη θεοῦ.

Die δικαιοσύνη θεοῦ, der beherrschende Begriff der eigentümlich paulinischen Lehre, das höchste sittlich-religiöse Ideal, hat zu ihrer Voraussetzung den Ausschluß aller Selbstgerechtigkeit, aber keineswegs der sittlich = religiösen Selbstthätigkeit, und zu ihrem Korrelat die σωτηρία im negativen Sinne der Errettung von der ἀπώλεια und im positiven Sinne des Heils schlechthin in der ζωὴ αἰώνιος mit Gott.

1. Der Begriff der δικαιοσύνη θεοῦ.

Δικαιοσύνη θεοῦ bei Paulus ist nicht, wie neustens Th. Häring, δικαιοσύνη bei Paulus, Tübingen 1896, in eingehend motivierter Weise darzuthun sucht, Gottes Gerechtigkeit im Sinne von „freisprechendes Richterwalten Gottes", sofern nämlich nach damals jüdischer und alttestamentlicher Voraussetzung nur das Rechtsprechen Gottes im Endgericht endgiltig rette, sondern eine Bestimmtheit des Menschen, von Gott ausgehende menschliche Gerechtigkeit. Ebenso verstanden ist der Begriff ein von Paulus selbstgeprägter, wenn man will, „terminus technicus" (Cremer, Wörterbuch der neutest. Gräcität, S. 300). Auch diese Bildung ist wenigstens sachlich im Alten Testament vorbereitet durch Jes. 54, 17: „Das ist ihre Gerechtigkeit", nämlich die der Knechte des Herrn, „von mir aus" מֵאִתִּי צִדְקָתָם: Sie ist auch die überwiegend vertretene Fassung des Begriffs, nicht nur in evangelischen Kreisen, sondern, worauf Häring selbst hinweist, katholischerseits (Reithmayr, Kommentar zum Römerbrief, 1845, S. 72; Schäfer, dgl. 1891, S. 63). Noch näher hätte der Hinweis gelegen auf das Tridentinum selbst.[1] Und doch war es eben diese Deutung, die Luther zum Reformator machte.

---

[1] „. . . justitia Dei, non qua ipse justus est, sed qua nos justos facit," sessio VI, cap. 7 (Ausg. von 1757, 53).

Geht man von Gal. 2, 14—21 als dem behaupteten Pro=
gramm der Lehrbriefe aus, so führt auch dieser Passus zu keinem
andern Sinn. Beruft sich dort Paulus auf das Bewußtsein
„εἰδότες" (V. 16), „daß ein Mensch nicht gerecht werde aus Ge=
setzes Werken, es sei denn durch den Glauben an Christus Jesus":
so handelt es sich dabei um einen Zustand oder eine Bestimmt=
heit des Menschen. Der Effekt des δικαιοῦσθαι ist die δικαιοσύνη,
und der δικαιωθείς ist der Mensch: „εἰδότες δὲ ὅτι οὐ δικαι-
οῦται ἄνθρωπος ἐξ ἔργων νόμου ἐὰν μὴ διὰ πίστεως Χριστοῦ
Ἰησοῦ." Die Antithese ist hier das δικαιωθῆναι ἐκ πίστεως
Χριστοῦ und das δικαιωθῆναι οὐκ ἐξ ἔργων νόμου. V. 16: „ἵνα
δικαιωθῶμεν ἐκ πίστεως Χριστοῦ καὶ οὐκ ἐξ ἔργων νόμου."
Genauer: Der Apostel sieht es als ein Umstoßen, ein Inaktivieren
oder Illusorischmachen der Gnade Gottes an, wenn's anders
wäre. V. 21: „οὐκ ἀθετῶ τὴν χάριν τοῦ θεοῦ. εἰ γὰρ διὰ
νόμου δικαιοσύνη, ἄρα Χριστὸς δωρεὰν ἀπέθανεν."

Danach deckt sich die Antithese
δικαιωθῆναι ἐκ πίστεως Χριστοῦ καὶ οὐκ ἐξ ἔργων νόμου
mit der andern
δικαιωθῆναι ἐκ χάριτος τοῦ Θεοῦ καὶ οὐκ ἐξ ἔργων νόμου.
Noch bestimmter: Gerechtwerden aus Gottes Gnade auf Grund
des Sterbens Jesu und nicht aus Verdienst auf Grund von Ge=
setzes Werken. Der objektive Grund des Gerechtwerdens ist also
nicht eigenes Verdienst, sondern Gottes Gnade in Christus. Es
ist eine Gerechtigkeit des Menschen, die dieser von Gott empfängt:
δικαιοσύνη θεοῦ.

Genau diesem Sinn entspricht 2. Kor. 5, 21: „Wir bitten
an Christi Statt: Lasset euch versöhnen mit Gott." V. 21:
„Den, der von keiner Sünde wußte, hat er für uns zur Sünde
gemacht, damit wir würden Gerechtigkeit Gottes in ihm": „ἵνα
ἡμεῖς γενώμεθα δικαιοσύνη Θεοῦ ἐν αὐτῷ." Ἡμεῖς ist das
Subjekt. Damit wir würden gerecht von Gott aus in Christus:
gerecht aus Gnaden von Gott auf Grund dessen, was Christus
für uns gethan, bestimmter, daß er für uns von Gott zur Sünde
gemacht ist; also: gerecht auf Grund der Gnade Gottes in
Christus — und nicht auf Grund eigenen Verdienstes.

Über allen Zweifel deutlich ist in demselben Sinne Röm.
10, 3. Es handelt sich um die Frage, woran es denn lag, daß
die Mehrheit Israels verworfen wurde; was der Grund davon

war, daß sich die Verheißung an ihr nicht erfüllte (9, 30).
Darauf antwortet 10, 3: Das war er, daß sie kein Verständnis
für die Gerechtigkeit hatten, die von Gott kommt, und dagegen
die eigene Gerechtigkeit aufzurichten suchte und sich so der Ge=
rechtigkeit von Gott nicht unterworfen habe: „ἀγνοοῦντες τὴν
τοῦ θεοῦ δικαιοσύνην καὶ τὴν ἰδίαν δικαιοσύνην ζητοῦντες
στῆσαι, τῇ δικαιοσύνῃ τοῦ θεοῦ οὐχ ὑπετάγησαν" (im
mebialen Sinne). Die Antithese lautet also hier geradezu: „τὴν
δικαιοσύνην τοῦ θεοῦ und τὴν ἰδίαν δικαιοσύνην". Danach ist

δικαιωθῆναι ἐκ πίστεως Χριστοῦ,
δικαιωθῆναι ἐκ χάριτος τοῦ Θεοῦ,
δικαιοσύνη θεοῦ ἐν αὐτῷ (Χριστῷ),
δικαιοσύνη θεοῦ

ein und dasselbe, und

δικαιωθῆναι ἐξ ἔργων νόμου oder
ἰδία δικαιοσύνη

ein und dasselbe Gegenstück.

2. Die Voraussetzung der δικαιοσύνη θεοῦ.

Die δικαιοσύνη τοῦ θεοῦ hat zu ihrer Voraussetzung den
Ausschluß aller ἰδία δικαιοσύνη; das von Gott Gerechtfertigt=
werden des Menschen zu seiner Voraussetzung den Ausschluß aller
Selbstgerechtigkeit, aber keineswegs der sittlich=religiösen Selbst=
thätigkeit.

Was sollen wir dazu sagen, spricht Paulus Röm. 9, 30,
daß Heiden, die nach Gerechtigkeit trachteten, sie erlangten, näm=
lich die aus dem Glauben, Israel dagegen, welches ein Gesetz
der Gerechtigkeit verfolgte, zu einem Gesetz nicht kam? Warum
nicht? Darum nicht, weil sie nicht vom Glauben, sondern wie
von Werken aus danach trachteten „ὡς ἐξ ἔργων" (9, 32).
Νόμος δικαιοσύνης ein Gerechtigkeitsgesetz d. h. ein Gesetz, dessen
Inhalt Gerechtigkeit ist und durch dessen Erfüllung man gerecht
wird. Etwa wie ein „Ehegesetz" ein Gesetz ist, welches die gelten=
den Bestimmungen über die Ehe enthält, durch deren Erfüllung
man eine gesetzlich unantastbare Ehe führt. Nur gesetzlich d. h.
für einen Standpunkt unantastbar, der auf die äußerlich wahr=
nehmbaren, auf die kontrollierbaren Delikte sieht. Für das Auge
und Urteil des Herzenskündigers kann sie dabei ganz anstößig
und nicht im mindesten tadellos sein. Ein Gerechtigkeitsgesetz ist

ein Gesetz, welches die Gerechtigkeit auf die Erfüllung gewisser einzelner fixierter Akte beschränkt. Und selbst ein solches Gesetz und damit eine Gerechtigkeit auf so gesetzliche Weise[1]) erreichte Israel nicht. Ganz einfach deshalb nicht, weil es nicht von innen, sondern von außen, wie von Werken aus Gerechtigkeit erstrebte. Sehr bezeichnend ὡς ἐξ ἔργων. Es giebt Werke, die auch dem Herzenskündiger genügen: es sind die, von denen Röm. 2, 6 die allgemein gültige Norm verkündet: „ὃς ἀποδώσει ἑκάστῳ κατὰ ἔργα αὐτοῦ.“ Das sind die, die auch ihren Wert behalten, „ὅτε κρινεῖ ὁ θεὸς τὰ κρυπτά“: die Werke des Herzens, die der Gewissensnorm entsprechen. Solch ein ἔργον ist der Glaube, und solche ἔργα sind alle Akte einer Gott zugewendeten Gesinnung. Dagegen diese Pseudowerke, dieser Außendienst und dieses Händewerk, diese ὡς ἔργα schließen den Glauben aus. Diese ὡς ἔργα und πίστις sind Gegensätze. Die ὡς ἐξ ἔργων vertrauen auf die eigene Kraft, die ἐκ πίστεως haben alles Vertrauen auf das eigene Vermögen verloren und hoffen auf Gott, auf Gottes Gnade in Christus. Das ist ein runder, ausschließender Gegensatz. Wer das Eine ist, ἐκ πίστεως, kann das Andere nicht sein, ὡς ἐξ ἔργων, und umgekehrt.

Daran ist Israel zu Grunde gegangen. Das war der Grund, daß es Anstoß nahm an dem Steine in Zion und infolgedessen zu dem Nichtzuschandenwerden auf Grund des Vertrauens nicht kam.

Insofern, aber auch nur insofern, ist es nun allerdings ein Beispiel dafür, daß es nicht an unserm Wollen und nicht an jemandes Laufen liegt, 9, 16: „ἄρα οὖν οὐ τοῦ θέλοντος οὐδὲ τοῦ τρέχοντος, ἀλλὰ τοῦ ἐλεῶντος θεοῦ.“ Aber wohlgemerkt: dafür, daß es nicht liegt an einem Wollen und Laufen, welches zum Erbarmen Gottes in Antithese steht; dies nicht nur nicht in Rechnung zieht, sondern recht geflissentlich ohne dasselbe auszukommen wähnt und auskommen will. Insofern als es mit unsrer Macht nicht gethan ist und ein eigenwilliges, selbstherrliches und selbstgerechtes Herz am allerweitesten vom Himmelreich entfernt ist, weil ohne Bedürfnis nach Erlösung unfähig, sich erlösen zu lassen d. h. ein „πιστεύων ἐπ' αὐτῷ“ (V. 33) zu werden.

---

[1]) Das δικαιοσύνης bei νόμος im Nachsatz fehlt in אABEG und ist danach zu streichen. Desgleichen ist das νόμου nach ἔργων (V. 32) und das γάρ nach προσέκοψαν erläuternder Nachtrag in DEKLP und muß fallen.

Aber eben dieser Zug nach Gottes Gnade, diese Herzens=
verfassung des „πιστεύων ἐπ' αὐτῷ" ist ja nun doch eine sehr
energische Selbstentscheidung, ein eminentes θέλειν und τρέχειν
im tiefsten und innerlichsten Sinne, denn sie kommt nicht zustande
ohne eine grundsätzliche Abkehr von dem Eigenwillen und Eigen=
dünkel und der gottwidrigen Gesinnung überhaupt. Also nicht
dafür bietet Israel ein Beispiel, als ob alle Selbstthätigkeit,
alles sittliche θέλειν und τρέχειν, vom Übel wäre für unser Ver=
halten zu Gott und für seines zu uns; als ob seine Allwirksam=
keit, seine Auswahl, sein Schöpferwille dabei die allein ent=
scheidende und ausschließliche Rolle spielte.

Freilich giebt es keine Hülfe für alle Welt, Juden und
Heiden, außer aus Gottes Gnade, aber eben diese Gnade will
doch angenommen, empfangen, ergriffen werden, und dazu bedarf
es der Bedürftigkeit, der Empfänglichkeit, eines aufgeschlossenen
und Gott zugewendeten Herzens; der Abkehr von der Sünde und
der Hinkehr zu Gott.

„Christus ist das Ende des Gesetzes" (10, 4) als eines
Mittels zur Heilserlangung, insofern als von und in Christus
ein neuer Weg dazu eröffnet wird. Nicht mehr ὡς ἐξ ἔργων,
sondern ἐκ πίστεως wird man nun gerecht. Nicht mehr von
außen her, sondern von innen aus, nicht mehr durch Händewerk
und Lippendienst, sondern im Geist und in der Wahrheit.
Christus ist also das Ende des Gesetzes, welches und wie es die
Juden hatten und hielten; d. h. allerdings des Mosegesetzes, aber
eben in äußerlicher Handhabung, das Ende desselben als Mittel
zum Heil. Und eben so wird es klar, warum die Mehrheit der
Juden verworfen werden mußte. Die einzige Hülfe, die es gab,
lehnten sie verständnislos „ἀγνοοῦντες" (10, 3) ab; den einzigen
Weg zum Heil, der dahin führte, schlugen sie nicht ein. Der
Gerechtigkeit, die von Gott kommt und das Gegenteil der eigenen
Gerechtigkeit ist, der δικαιοσύνη θεοῦ, wie sie im Evangelium
dem Gläubigen offenbar wird (Röm. 1, 17), unterwarfen sie sich
nicht, weil sie es nicht zu der inneren Herzensverfassung brachten,
welche sowohl die ἐπίγνωσις (Röm. 10, 2) wie die πίστις vor=
aussetzen. Diesen Mangel beklagt der Apostel nicht nur 10, 2,
sondern darin sieht er ihre Schuld. Es ist der Mangel an einer
sittlichen Selbstthätigkeit, die sich nicht mit der ἰδία δικαιοσύνη
begnügt, sondern sich selbst überwindet und deren Ungenüge durch=

ſchaut; einer Selbſtthätigkeit, die die ganze Willensrichtung von Grund aus wandelt, von ſich ab auf Gott hin. Durch dieſen Mangel bereiteten ſie ſich ſelbſt ihr Los. Denn zur Gnade gehören immer zwei, einer, der begnadigt, und einer, der ſich begnadigen läßt. Der Glaube, obzwar gar nichts anderes als das ὄργανον ληπτικόν der Gnade Gottes in Chriſtus und alſo ſo wenig eigenes Verdienſt, daß er vielmehr nur in einem Herzen entſteht und entſtehen kann, das nichts mehr von ſich hofft, iſt doch die eminenteſte ſittliche That, deren der Menſch fähig iſt, und ſo ſehr ein Akt der Selbſtthätigkeit, daß er ohne Selbſtüberwindung und Selbſthingabe an Gott nicht einmal pſychologiſch denkbar iſt. Denn ſo beſtimmt er auch nach pauliniſcher Lehre, gleichwie nach ſynoptiſcher (Matth. 16, 17), ohne eine Offenbarung Gottes in uns und an uns, ohne eine „ἀποκάλυψις ἐν αὐτῷ“ in keinem zuſtande kommt: ſo gewiß bedarf es doch eben auch dazu, dieſer Offenbarung ſich zu öffnen und ſie zu empfangen, des auf= geſchloſſenen und Gott zugewendeten Herzens; und lediglich daran, daß es dazu vielfach nicht kommt, liegt es, daß und wenn Iſrael in ſeiner Mehrheit und wer immer mit ihm verworfen wird. Es iſt nicht eigentlich Gott, der vielmehr will, daß allen geholfen werde, der verwirft, ſondern nach ſeiner heiligen Ordnung ſind es die widerſtrebenden Herzen ſelbſt, die das Gericht der Verwerfung einfach dadurch an ſich vollziehen, daß ſie die Gnade Gottes in Chriſtus verſchmähen. Damit iſt erwieſen, daß die δικαιοσύνη θεοῦ im pauliniſchen Sinne zwar die ἰδία δικαιοσίνη, die Selbſtgerechtigkeit, das Pochen auf das eigene Verdienſt, das Ver= trauen auf die eigene Kraft ausſchließt, aber nicht die ſittliche Selbſtthätigkeit überhaupt.[1])

---

[1]) H. Holtzmann II, S. 130 dagegen ſchreibt: „Wie man von Rechts= wegen nur einen Schuldigen verurteilen wird, ſo auch nur einen Unſchuldigen rechtfertigen (Deut. 25, 1: δικαιοῦν τὸ δίκαιον καὶ καταγινώσκειν τοὺς ἀσεβοῦς)."

„Was aber der Richter nicht thun darf, darf der König kraft ſeines Begnadigungsrechtes. So — als einen Gnadenſpruch göttlicher Selbſt= herrlichkeit — faßt Paulus thatſächlich die Rechtfertigung des Sünders."

Meine Faſſung überhebt ſowohl der Annahme, daß der Rechtsſpruch Gottes mit der inneren Verfaſſung des Beurteilten im Widerſpruch ſtehe, was nicht nur ein ungerechtes Walten als Richter, ſondern pſychologiſch un= denkbar wäre, als auch der andern eines Spruches der Selbſtherrlichkeit, der mit dem neuteſtamentlichen Gottesbegriff einen klaffenden Hiatus bilden würde.

3. Das Korrelat der δικαιοσύνη θεοῦ die σωτηρία.

Kraft Gottes (Röm. 1, 16. 17) zur Rettung — „εἰς σωτηρίαν παντὶ τῷ πιστεύοντι“ wird das Evangelium insofern, als darin „δικαιοσύνη θεοῦ“ offenbar wird. Eben damit. Wo es in einem Menschen zur „δικαιοσύνη θεοῦ“ „ἐκ πίστεως“ auf Grund der gläubigen Annahme des Evangeliums und — „εἰς πίστιν“ — des gläubigen Vertrauens auf seinen Inhalt kommt, da ist er eben damit gerettet. Ἀποκαλύπτεται Präsens. Die δικαιοσύνη θεοῦ offenbart sich im Evangelium zur σωτηρία für jeden Gläubigen. Also die σωτηρία ist nicht nur erst Folge in der Zukunft, etwa im Endgericht. Selbst das ζήσεται: „der Gerechte wird seines Glaubens leben“ (V. 17) nötigt weder noch berechtigt zu dieser Deutung. Die Fassung des „ζήσεται“ als logisches Futurum weist nicht nur in die Zukunft, sondern drückt die logische Folge unter einer gewissen Bedingung oder deren mehreren, genug, unter der Voraussetzung des konditionalen

---

Holtzmann fährt fort: „Indem er (Paulus) aber der morgenländischen, überhaupt altertümlichen Anschauung von der Einheit der regierenden und der richterlichen Gewalt treu bleibt, scheut er die Paradoxie nicht, die in Statuierung eines actus forensis liegt, welcher doch nicht als Anerkennung einer ans Licht gestellten Thatsache, sondern deklaratorisch, imputativ gemeint ist, eine lediglich ideelle, nicht eine thatsächliche Gerechtigkeit schafft“, und citiert Paul Wilh. Schmiedel, Rede zum Antritt seines Ordinariats für neutestamentliche Exegese in Zürich im Sommer 1893: „Glaube und Dogma beim Apostel Paulus“ (Theol. Zeitschrift aus der Schweiz von Fr. Meili, 1893, S. 211—230): „Es war mithin von vornherein unrichtig, Gott unter dem Bilde des Richters vorzustellen. Der Richter hat aber seiner Idee nach lediglich festzustellen und auszusprechen, was er vorfindet; in dem Augenblicke, in welchem er Gnade anwendet, hört er auf, Richter zu sein“ (S. 218).

Ich meine, der Tiefsinn der paulinischen δικαιοσύνη θεοῦ διὰ πίστεως Ἰησοῦ Χριστοῦ, εἰς πάντας τοὺς πιστεύοντας (πεφανερωμένη) (Röm. 3, 22) besteht eben darin, daß sie beiden Momenten gerecht wird, dem des Richters b. h. der Gerechtigkeit und dem der Gnade. Der Gnade, indem Gott den neuen Weg aus freien Stücken und eigener Initiative in Christus eröffnet für alle, die glauben; der Gerechtigkeit, indem der Accept dieser Gnade einen grundsätzlich innerlich centralen Bruch mit der Sünde voraussetzt und zu seiner Werde= und Lebensbedingung hat. Gott stiftet eine ewige Erlösung. Das ist der objektive Beweis seiner Gnade. Aber sie wird keinem zu teil, der sie sich nicht im Glauben aneignet und dazu innerlich sich ihr öffnet: das ist seine Gerechtigkeit. Seine Gnade selbst scheidet und offenbart die Herzen, ja, indem sie dem einen zum Fall, dem andern zum Auferstehen wird, waltet sie richtend (vox media).

Vorderſatzes, aus. Wenn einem die δικαιοσύνη ϑεοῦ eigen geworden iſt, ſo iſt die logiſche Folge davon, daß er lebt, ζήσεται,
auf Grund ſeines Glaubens lebt; der σωτηρία im negativen
und im poſitiven Sinne teilhaftig iſt. Freilich iſt die weitere
Folge, ſofern nur der Vorderſatz zutrifft und zutreffend bleibt,
daß auch das Endgericht daran nichts ändert, daß auch dies unter
dieſer Bedingung mit der σωτηρία abſchließt. Aber es iſt nicht
mit Th. Häring, 33, zuzugeben, daß ſich die σωτηρία und das
ζήσεται (1, 17) lediglich auf das Endgericht beziehe. Sie ſind
vielmehr die Korrelata von der δικαιοσύνη ϑεοῦ. Wo immer
dieſe eine Thatſache iſt, iſt es die σωτηρία nicht minder. Es
kann niemand von Gott und vor Gott gerecht ſein und deſſen
inne werden, ohne zugleich die Gewißheit ſeiner Gnade und der
Geborgenheit in ihr und in ihm, ohne das Bewußtſein und
Empfinden der σωτηρία ſowohl im negativen als im poſitiven
Sinne.

a) Die σωτηρία als Errettung von der ἀπώλεια. Sprachlich
und ſachlich iſt die σωτηρία zunächſt ein negativer Begriff, ein
σώζεσϑαι, ein Errettetwerden von dem, was die unvergebene
Sünde notwendig mit ſich bringt. Dem σωϑῆναι ſteht das
ἀπόλλυσϑαι gegenüber. 1. Kor. 1, 18: „Denn das Wort vom
Kreuz iſt eine Thorheit denen, die verloren gehen — τοῖς
ἀπολλυμένοις —, denen aber, die gerettet werden — τοῖς
σωζομένοις —, nämlich uns, iſt es eine Gotteskraft.“ Die
σωζόμενοι werden eben errettet von und vor dem ἀπόλλυσϑαι.
Die ganze Menſchheit zerfällt in die beiden großen Gruppen der
σωζόμενοι und der ἀπολλύμενοι, 2. Kor. 2, 15: „Denn wir ſind
Gott ein Wohlgeruch Chriſti“, gleichſam duftend von ihm und
ſeiner Erkenntnis (V. 14), „unter denen, die gerettet, und unter
denen, die verloren werden“: ἐν τοῖς σωζομένοις καὶ τοῖς
ἀπολλυμένοις, d. h. überall: „ἐν παντὶ τόπῳ“ (V. 14). Wo
immer die Predigt ertönt, ſie trifft immer die einen oder die
andern, σωζόμενοι oder ἀπολλύμενοι. Die ἀπολλύμενοι ſind
die Unempfänglichen, die von ὁ ϑεὸς τοῦ αἰῶνος τούτου Ver-
blendeten, Blindgemachten, τυφλωϑέντες, die ἄπιστοι (2. Kor.
4, 3. 4).

Die ἀπώλεια iſt das Gegenteil der δόξα. Von den Gefäßen — σκεύη ὀργῆς — des Zorns heißt es, ſie ſeien κατηρτισμένα εἰς ἀπώλειαν, von den Gefäßen der Gnade — σκεύη

ἐλέους — ἃ προητοίμασεν εἰς δόξαν (Röm. 9, 22). Zugleich erfahren wir aus dieser Stelle, daß die ἀπώλεια von der ὀργή Gottes verhängt, die δόξα dagegen von dem ἔλεος gespendet wird. Sachlich ist danach die ἀπώλεια der Ausschluß vom Heil. Aus 2. Kor. 2, 15 u. 16 erscheint der θάνατος als ein sachliches Synonymon des ἀπόλλυσθαι: „Wir sind Gott ein Wohlgeruch Christi unter den σωζόμενοι und den ἀπολλύμενοι, den einen ein Geruch aus Tod zum Tode: ὀσμή ἐκ θανάτου εἰς θάνατον, den andern ein Geruch ἐκ ζωῆς εἰς ζωήν.“ Die Predigt von Christus führt für die geistlich Erstorbenen zu endgültig dauerndem Tode in diesem Sinne; wie für die geistlich Lebenden zum ewigen Leben in diesem Sinne. Danach wäre die ἀπώλεια der ewige Tod im geistlichen Sinne. Genau genommen bedarf es dieses Zusatzes nicht, er ist tautologischer Natur. Denn ein ewiger d. h. ein immer dauernder Tod kann nur ein geistlicher sein. Ein Tod, der das Sein selbst aufhöbe, würde ein einmaliger, wenn immer abschließender Akt sein, und also darüber hinaus nicht andauern, nicht ein ewiger sein. Auch nicht als Zustand. Denn es fehlt an einem Subjekt und selbst am Sein für diesen Zustand. Die Hauptsache ist, daß unsere Stelle das ἀπόλλυσθαι als ein solches εἰς θάνατον und diesen als geistlichen ganz unzweideutig hat. Und was ist geistlicher Tod? Trennung von Gott. Dauernde Geschiedenheit von Gott: das ist die ἀπώλεια. Ein σκεῦος ὀργῆς für immer zu bleiben, das ist der Zustand, den sie birgt und bezeichnet. So heißt es 1. Kor. 15, 18: „Ist Christus nicht auferweckt . . ., dann sind auch verloren: „ἀπώλοντο“, die in Christus entschlafen sind.“ Der Glaube an ihn ist ohne Wirkung; sie bleiben ungerettet von der ἀπώλεια; in der Geschiedenheit von Gott, in die sie ihre Sünden verweisen (V. 17); so erstehen auch sie nicht zum Leben mit ihm und in ihm mit Gott. Gal. 6, 8 steht der ζωή αἰώνιος die φθορά gegenüber. Ist das dauernde Vernichtung, Ausscheidung aus dem Kreise der Existenz, so daß der zeitliche Tod der endgültige, der ewige Tod ist, das Totsein und Totbleiben ewiglich (H. Holtzmann II, S. 50, mit Berufung auf Ménégoz, Kabisch und Friedr. Nietzsche [1]))? Ist das dem Apostel „der

---

[1]) Nietzsche erspäht den Tiefsinn des Christentums nicht, wenn er erklären kann: „Das Christentum hat die Menschen von der Last der moralischen Anforderungen befreien wollen, dadurch, daß es einen kürzeren Weg

schauervollste aller Gedanken, das Entsetzlichste allen Hades und alle Gehenna überbietende Übel" (Kabisch, Holtzmann II, S. 50)? Es ist der Gegensatz zu ζωὴ αἰώνιος. Was ist ζωὴ αἰώνιος? Ist es bloß Leben, gleichviel welcher Art, ohne Ende? Das wäre eine Aussicht von sehr problematischem Wert. Es ist Leben mit Gott in Christus ohne Ende. Röm. 6, 23: „ζωὴ αἰώνιος ἐν Χριστῷ Ἰησοῦ τῷ κυρίῳ ἡμῶν." Es ist Ge= meinschaft mit Gott ohne Aufhören, also geistliches Leben ohne Ende. Das Gegenteil davon, die φθορά, ist geistlicher Tod ohne Ende. Ein Leben ohne Gott, das ist für Paulus der Tod, 2. Kor. 2, 16: ἐκ θανάτου heißt es von denen, die noch leben und doch schon ἀπολλύμενοι sind. Ein Leben ohne seinen Herrn, das ist für den Apostel das entsetzlichste, allen Hades und alle Gehenna überbietende Übel. Wo er das Äußerste nennt, was er übernehmen möchte, wenn er sein Volk retten könnte, da sagt er: „ηὐχόμην εἶναι ἀνάθεμα αὐτὸς ἀπὸ τοῦ Χριστοῦ" (Röm. 9, 3).

Damit ist zugleich besagt, worin die σωτηρία

b) im positiven Sinne als Inbegriff alles Heils besteht. Versteht man darunter die volle Teilnahme an den Gütern des Messiasreiches: das wesentliche, grundeigentümliche Merkmal dieses Zustandes, ja der allein maßgebende Inhalt und Charakter des= selben ist die Gemeinschaft mit Gott in Christus, das will sagen, der Zustand des Versöhntseins mit Gott ohne Ende. Dem ent= spricht, daß diese σωτηρία nicht nur erst eine Aussicht für die Zukunft, nicht nur eschatologisch zu verstehen ist, sondern schon hier empfangen wird und freilich auch den leiblichen Tod über= dauert und im Jenseits erst zur endgültigen Vollendung kommt als ζωὴ αἰώνιος, als „Daheimsein bei dem Herrn", als das Leben, welches erst Leben im vollen, wahrhaftigen Sinne ist, in der Gemeinschaft mit dem lebendigen Gott ohne Ende. Diese σωτηρία als das Korrelat der δικαιοσύνη θεοῦ d. h. der δικαιο= σύνη ἐκ πίστεως Χριστοῦ umfaßt die ganze Entwicklung des gläubig Gewordenen von diesem Zeitpunkt an. Es giebt keine wahrhafte δικαιοσύνη θεοῦ ohne σωτηρία. „Gerechtigkeit und Heil gehören zusammen" (Cremer) und sind immer irgendwie zu= sammen. Die Rechtfertigung fällt mit der σωτηρία, ζωή, δόξα

zur Vollkommenheit zu zeigen meinte" ...: „ein Irrtum, aber doch ein großes Labsal für Übermüde und Verzweifelnde in der Wüste" („Morgen= röte" ², Werke I, 4, S. 59).

zusammen, und genau in dem Verhältnis der *πίστις*, die sie er=
greift. Demgemäß zwar erst mit ihr beginnend und in ihrer
eventuellen weiteren Vollendung immer von ihr abhängig und
mit ihr korrelat, aber doch auch von Anfang an mit ihr zu=
sammen da, mit und geradezu in ihr selbst gegeben. Denn die
fides selbst ist nach Gottes Liebesrat, =willen und =ordnung
salvifica. Von ihrem wirklichen Eintritt an, wo immer sie ein
Herz echt und recht hat. Das ist die Erkenntnis, die Paulus
aufgegangen ist und ihn in schlechthin maßgebender Weise erfüllt.
Für ihn giebt es keine Rechtfertigung ohne Heil. Ihm gilt die
Rechtfertigung als gegenwärtige **und** zukünftige: Gal. 5, 5.
„*ἐλπίδα δικαιοσύνης ἀπεκδεχόμεθα*“: wir warten noch: einer=
seits, andrerseits Gal. 3, 2: „*τὸ πνεῦμα ἐλάβετε*“: Nur das
will ich von euch wissen: „Habt ihr den Geist aus Gesetzes
Werken oder durch des Glaubens Kunde empfangen?“ Röm.
1, 17: „*δικαιοσύνη θεοῦ ἀποκαλύπτεται ἐκ πίστεως*“ (Präsens).
3, 21: „*Νυνὶ δὲ χωρὶς νόμου δικαιοσύνη θεοῦ πεφανέρωται.*“
Das Futurum *δικαιώσει* (Röm. 3, 30), auf welches sich
Th. Häring (59) beruft, bezeichnet nicht sowohl das Endgericht,
als nur die richterliche Norm, die für immer, also auch für alle
Zukunft schon vor diesem, maßgebend bleibt, nämlich „*ἐκ πίστεως*“.
Das *πνεῦμα υἱοθεσίας* dagegen, was Häring anmerkt, ist
empfangen „*ἐλάβετε πνεῦμα υἱοθεσίας*“ (Röm. 8, 15) und —
wird erwartet Röm. 8, 17: „*συνδοξασθῶμεν*“. Mit der *δικαιοσύνη θεοῦ* ist auch die *σωτηρία* als ihr Korrelat gegenwärtig
und zukünftig zugleich. Die einfache Konsequenz davon und zu=
gleich die Probe auf die Richtigkeit dieser paulinischen Fassung
ist, daß die *δικαιοσύνη θεοῦ* mit ihrem Korrelat, der *σωτηρία*,
von Sünde und Tod gegenwärtig und zukünftig nach Maßgabe
des Glaubens errettet und befreit.

Sünde und Tod.

Wie die *σωτηρία* das Korrelat der *δικαιοσύνη θεοῦ*, so
ist der Tod das der Sünde. Wie die *σωτηρία* grundwesent=
lich die wiederhergestellte Gemeinschaft mit Gott, das Leben

des Verſöhnten mit Gott, ſo iſt der Tod der Zuſtand der
Geſchiedenheit von Gott. Wie es eine δικαιοσύνη θεοῦ nur
ἐκ πίστεως giebt, ſo eine Errettung von Sünde und Tod
nur in Chriſtus.

1. Der Tod das Korrelat der Sünde.

Daß es erſt mit der Sünde und durch die Sünde — διὰ
τῆς ἁμαρτίας ὁ θάνατος (Röm. 5, 12) — den Tod giebt in
der Welt; daß alle dieſen Tod erleiden, ſofern und wenn ſie alle
ſelbſt geſündigt haben: „εἰς πάντας ἀνθρώπους ὁ θάνατος
διῆλθεν, ἐφ᾽ ᾧ πάντες ἥμαρτον" (5, 12) iſt die deutliche Lehre
des Apoſtels. Auf die Frage nach dem Woher dieſes Todes ant=
wortet er: Von der Sünde. Auf die Frage, wer ihn erleide,
beſcheidet er: Jeder, der ſelbſt ſündigt. Dieſer Tod iſt der Be=
weis der Herrſchaft der Sünde. Daran wird man ihrer Kraft
inne: „ὥσπερ ἐβασίλευσεν ἡ ἁμαρτία ἐν τῷ θανάτῳ" (Röm.
5, 21). Er iſt die Frucht — „τίνα καρπὸν εἴχετε τότε";
nämlich als ihr δοῦλοι ἦτε τῆς ἁμαρτίας (Röm. 6, 20) — das
Ende von ſolchem Sündendienſt — „τὸ τέλος ἐκείνων θάνατος".
Er heißt direkt der Sold der Sünde — τὰ γὰρ ὀψώνια τῆς
ἁμαρτίας θάνατος (Röm. 6, 23) —, während das Sündigen
als ein Früchtetragen zum Tode (7, 5) und die Sünde als eine
ſolche erſcheint, welche einen Paulus in einem gewiſſen Stadium
ſeines Lebens durch das Gebot täuſchte und tötete (7, 11):
„ἡ γὰρ ἁμαρτία ἀφορμὴν λαβοῦσα διὰ τῆς ἐντολῆς ἐξηπάτησέν
με καὶ δι᾽ αὐτῆς ἀπέκτεινεν." Verſtehen wir das Bild von
den ὀψώνια ſo, daß der Tod das iſt, was der Sünde zukommt,
und das von der Frucht ſo, daß aus der Sünde, wenn ſie in
ihrem Wachstum nicht gehindert wird, der Tod herauswächſt mit
einer gewiſſen Naturgeſetzlichkeit: ſo ergiebt ſich, daß, wo die
Sünde ſich auslebt, ihr Korrelat der Tod iſt. Wo ſie ungehindert
wuchert, kommt es immer auf dieſen heraus. Es iſt aber nicht
ſo, als ob das Sündigen und das Sterben in dieſem Sinne als
zwei getrennte Akte vorgeſtellt würden, wie etwa in dem Ver=
hältnis von Strafe zum Übelthun, wenn dieſe als ein äußerliches
Nebeneinander gedacht werden: ſondern die Sünde bringt den
Tod, freilich als ihren eigenen Sold, eo ipso mit ſich und aus
ſich ſelber heraus. Der Tod kommt nicht zu ihr hinzu anders=
woher, ſondern von ihr ſelber und aus ihr ſelber als ihr Eigenes

und Eigenstes, was nicht zu ihr, zu ihrer Natur gehört, sondern diese recht eigentlich auswirkt und ausmacht; nicht also bloß ein Accidens, was event. auch fehlen könnte, ohne daß die Sünde aufhörte, Sünde zu sein, sondern ein Etwas, worin das Wesen der Sünde recht eigentlich zum Durchbruch und zur Geltung kommt.

2. Die Natur dieses Todes.

Setzen wir bei der zuletzt citierten Stelle ein, Röm. 7, 11: „Denn die Sünde nahm Anlaß und täuschte mich durch das Gebot und tötete mich." Der Apostel appelliert an eine Er= fahrung, die jeder Mensch unter dem Gesetze macht: „In vetitum nitimur"; und schildert sie als seine eigene mit ergreifender Wahrheit. So hat er's selber erlebt. Die Zeit, dies Stadium in seiner Lebens= und Herzensgeschichte steht ihm noch deutlich vor der Seele. Und was begegnete ihm da? Die Sünde tötete ihn. Tötete ihn, der doch noch mit seiner Stimme diesen Brief an die römischen Christen dem Tertius in die Feder diktiert hat (Röm. 16, 23)? Tötete ihn, der doch noch später selbst, wenn auch als Gefangener, nach Rom kam? In welchem Sinne tötete ihn denn die Sünde durch das Ge= bezw. Verbot? Im leiblichen nicht, denn er lebte noch ἐν σώματι. Im ewigen nicht, denn er glaubte und stellte sein Leben in den Dienst dieses Glaubens. Es bleibt also bloß die Antwort übrig: Im geistlichen Sinne. Wo die Sünde herrscht und solange sie Macht über ein Menschenherz hat und behält, verfällt dasselbe dem geistlichen Tode. Wird sie überwunden, hört auch er auf. Das tritt bei einem Paulus ein. Es war ein vorübergehendes Stadium in seinem Leben. „Ἐγὼ δὲ ἀπέθανον" (7, 10). „Ἡ ἁμαρτία με ἀπέκτεινεν" (7, 11). Der geistliche Tod geht keineswegs notwendig in den ewigen Tod über. Die Sünde, die nicht mehr geduldet wird, kann auch nicht länger töten. Der geistliche Tod ist ihr Korrelat und hat mit ihr und selbst schon mit der grundsätzlichen Überwindung ihres knechtenden Bannes sein Ende.

Prüfen wir weiter die zuvor genannte Stelle 7, 5 u. 6, so bestätigt der Apostel dieses vorübergehende, zeitweilige Stadium selbst bei seinen Adressaten, sich selbst mit eingeschlossen: „Denn da wir im Fleische waren", „ὅτε γὰρ ἦμεν ἐν τῇ σαρκί, τὰ παθήματα τῶν ἁμαρτιῶν τὰ διὰ τοῦ νόμου ἐνηργεῖτο ἐν τοῖς

μέλεσιν εἰς τὸ καρποφορῆσαι τῷ θανάτῳ." Jetzt aber . . . .
sind wir abgestorben dem, worin wir gebunden gehalten wurden:
„ἐν ᾧ κατειχόμεθα" (V. 6). Allgemein gültig spricht er die
Regel 8, 13 aus: „Wenn ihr nach dem Fleische lebt, werdet ihr
sterben. Wenn ihr aber durch den Geist des Leibes Geschäfte
tötet, werdet ihr leben." Oder ist etwa da bei dem „μέλλετε
ἀποθνήσκειν" an den leiblichen Tod zu denken? Aber sind denn
die ihm enthoben, die durch den Geist τὰς πράξεις τοῦ σώματος
= τὸ κατὰ σάρκα ζῆν (V. 12) töten? Sollen sie etwa nicht
leiblich sterben? „So werdet ihr leben", vielmehr im sittlich=
geistlichen Sinne (vgl. V. 11). Das μέλλετε ἀποθνήσκειν
(V. 13), die unausbleibliche Folge des κατὰ σάρκα ζῆν hat zu
seinem Gegenstück: das ζήσεσθε. Logisches Futurum. Wenn
ihr die Bedingung erfüllt, so ist das die Folge. Die ganze Er=
mahnung V. 12: „So sind wir nun, Brüder, Schuldner, nicht
dem Fleische, daß wir nach dem Fleische leben", ergeht an das
Verhalten im Diesseits. Nur in ihm findet überhaupt ein κατὰ
σάρκα ζῆν statt, und nur ｛in ihm ist ein „τὰς πράξεις τοῦ
σώματος θανατοῦν" möglich. So weist der ganze Kontext
auf ein Leben zunächst in dieser Welt im geistlichen Sinn, das
ja freilich nun nicht auf diese Welt beschränkt zu bleiben braucht,
sondern hinüberreichen kann und soll in die Ewigkeit, unberührt
von selbst dem leiblichen Tod.

Aber Röm. 6, 23: τὰ γὰρ ὀψώνια τῆς ἁμαρτίας θάνατος":
der Sold der Sünde ist Tod. Tod in welchem Sinne? Im
leiblichen? Führt die Sünde immer den leiblichen Tod nach
sich? Dann, müßte ich wenigstens sagen, müßte ich ihn längst
erlitten haben. Und vermutlich möchten viele so denken mit mir
von sich. Also der Deutung widersteht der Thatbestand. Hätte
die Sünde immer den leiblichen Tod zur Folge, dann müßte das
Menschengeschlecht längst ausgestorben sein.

Ewiger Tod kann der Sold der Sünde ebensowenig immer
sein, denn dann hätte es nie zu einer Erlösung kommen können.
Der ewige Tod schließt der Natur der Sache nach die Erlösungs=
möglichkeit aus. Und er müßte von alters her das Los aller
Welt gewesen sein.

Es bleibt also hier auch nur die Deutung des geistlichen
Todes übrig, d. h. des Zustandes der Scheidung von Gott. Das
ist die Natur der Sünde. Ist sie immer eine Ignorierung, wenn

nicht geradezu eine direkte Übertretung des göttlichen Willens, so
wird eben damit eine etwa vorher bestehende Gemeinschaft mit
Gott gelockert, wenn nicht zerrissen. Es findet eine Entfremdung
des Sünders von dem Gott, dessen Gebot er übertreten hat, eo
ipso statt, genau wie das der Sündenfallsbericht mit psycho=
logischem Tiefsinn in der Furcht und dem Sichverstecken der
Protoplasten vor dem zuvor mit ihnen in freundlichem Verkehr
vorgestellten Gott nach dem Fall zum Ausbruck bringt. Die
Sünde scheidet ihrer Natur nach von Gott. Solange und wo
immer gesündigt wird, steht man in der Geschiedenheit von Gott
im Tod im geistlichen Sinne mitten im übrigen Leben.

Genau dieser Deutung von θάνατος im ersten Halbvers,
aber auch nur ihr, entspricht der zweite Halbvers: die Gnaden=
gabe Gottes aber ist ewiges Leben in Jesus Christus unserm
Herrn; die ewige Gemeinschaft mit Gott in Christus. Damit
verträgt sich der geistliche Tod nicht. Darum muß der Christ die
Sünde meiden.

Eben darauf führt auch 6, 21: „Was für eine Frucht nun
hattet ihr damals? Solche, deren ihr euch jetzt schämet. Denn
das Ende jener ist der Tod." Jener — ἐκείνων —, nämlich
der Früchte. Das Ende der Früchte des Sündendienstes ist der
Tod. Welcher Tod? B. Weiß antwortet: der leibliche, in dem
man bleibt und keine Auferweckung erlebt. Aber wenn doch diese
Früchte, deren Ende der leibliche Tod sein soll, bereits in die
Vergangenheit der Leser fielen (εἴχετε): müßten sie ihn nicht
dann längst erlitten haben und damit außerstande sein, noch eine
Ermahnung und einen Brief des Apostels zu empfangen?

Godet antwortet: der ewige Tod, der letzte, die ewige
Trennung von Gott, die ἀπώλεια. Aber wenn die Leser vollends
dem schon verfallen waren, wie konnte sich dann der Apostel die
vergebliche Mühe geben, sie zu ermahnen?

Aber, möchte man einwenden, das τέλος liege natürlich nicht
auch schon in der Vergangenheit (εἴχετε) und also auch nicht der
θάνατος. Aber wenn doch die Zeit jetzt vorüber ist, wo die
Leser solche Früchte brachten und eben dieser Früchte Ende der
Tod ist: so muß ihr Ende notwendig zugleich der Vergangenheit
angehören. Oder die Früchte müßten in diesem Fall nicht so
geendet haben. Und eben darauf wird man sich berufen: Es sind
Früchte, deren Ende sonst der Tod ist. Aber wenn nur sonst

und in diesem Falle, um den sich's hier allein handelte, aus=
drücklich nicht: was hatte es denn dann für einen Sinn, die Leser
auf dies Ende zu verweisen? Ein Schreckschuß in die Luft?
Niemand wird das annehmen wollen. Und ist denn das Ende
der ἀκαθαρσία und der ἀνομία (V. 19) immer der leibliche Tod
oder gar immer der ewige Tod? Die Leser hatten ja der
ἁμαρτία in diesem Umfang Knechtsdienste geleistet und — sie
lebten und waren Christen geworden!! Also ganz und gar nicht
tot, weder leiblich noch ewig. Dagegen das war das Ende jener
δουλεία gewesen: der geistliche Tod, und aus ihm hatte sie das
Evangelium erweckt, und nun hatte ein Leben begonnen, das
auch im Jenseits nicht endet, die ζωὴ αἰώνιος, die im Diesseits
beginnt in dem geistigen Auferstehen von dem geistlichen Tode,
von der Sünde und ihrem Bann, in dem ἁγιασμός (V. 22)
und im Jenseits besteht. Also auch hier ist gar keine Wahl:
θάνατος kann nur im geistlichen Sinne gemeint sein, wie V. 23.

In allen diesen Stellen ist danach auch das Verständnis des
θάνατος als „einfach totsein und totbleiben ewiglich" (H. Holtz=
mann II, S. 50) ausgeschlossen. Der „enge Zusammenhang
zwischen Sünde und Tod" erscheint freilich unter dem Gesichts=
punkt von Verschuldung und dem ihr entsprechenden Lohn
(ὀψώνια Röm. 6, 23), von Verschuldung und Strafe (ὀργή Röm.
9, 22); aber nicht das ist die Vorstellung, daß die Strafe durch
einen „freien göttlichen Urteilsspruch" über „bestimmte Sünden"
(S. 51) verhängt werde, als ob das Verhältnis ein äußerliches
wäre. Das Verhältnis ist vielmehr ein ganz innerliches, innerlich
gesetzliches nach Gottes Ordnung. Der Sünde folgt der (geistliche)
Tod eo ipso ihrer Natur gemäß ohne einen besondern göttlichen
Urteilsspruch im einzelnen ad hoc; folgt ihr nach der ein für
allemal feststehenden Ordnung Gottes. Wer Sünde thut, scheidet
sich eben damit von Gott und wird, je länger, je mehr er sündigt,
um so geschiedener von Gott. Und diese Geschiedenheit von Gott
ist der Tod im geistlichen Sinne, gleichwie die σωτηρία, das
Heil, die Wiederherstellung der Gemeinschaft mit Gott ist. Wer
Sünde thut und solange er sie thut, scheidet und hat sich damit
selbst von Gott geschieden. Es ist nicht ein Nebeneinander von
Sünde und Urteilsspruch, sondern der Tod ist die ganz natur=
gemäße Frucht (Röm. 6, 21) der Sünde, zu der diese einfach
auswächst, die sie trägt, Röm. 7, 5: καρποφορῆσαι.

Wie verhält sich aber nun dazu die Parallele zwischen Adam und Christus und die auf sie zurückgeführte zwischen Sünde und Tod einerseits und Gnade und Leben andrerseits?

3. Adam und Christus: Tod und Leben.

Röm. 5, 12—21 und 1. Kor. 15, 21. 22. 45—49.

Röm. 1, 12—21: Διὰ τοῦτο deshalb, nämlich, weil wir jetzt die Versöhnung mit Gott empfangen haben durch unsern Herrn Jesus Christus (B. 11): „δι᾽ οὖ νῦν τὴν καταλλαγὴν ἐλάβομεν" verhält es sich so (B. 12): „Wie durch einen Menschen die Sünde in die Welt gekommen ist", „ὥσπερ δι᾽ ἑνὸς ἀνθρώπου ἡ ἁμαρτία εἰς τὸν κόσμον εἰσῆλθεν", „und durch die Sünde der Tod", „καὶ διὰ τῆς ἁμαρτίας ὁ θάνατος καὶ οὕτως εἰς πάντας ἀνθρώπους ὁ θάνατος διῆλθεν", und so der Tod zu allen Menschen hindurchgedrungen ist", „ἐφ᾽ ᾧ πάντες ἥμαρτον", „dieweil sie alle gesündigt haben": so (B. 18) auch ist es durch eines Rechtthat zur Rechtfertigung des Lebens für alle Menschen gekommen": „οὕτως καὶ δι᾽ ἑνὸς δικαιώματος εἰς πάντας ἀνθρώπους εἰς δικαίωσιν ζωῆς." Zu dem ὥσπερ (B. 12) ist also der Nachsatz nicht weggeblieben. Das Verglichene bleibt nicht unausgesprochen. Die Aussprache wird nur durch die dazwischen sich aufdrängende Gedankenreihe verzögert. B. 18 nimmt den Vergleich des Vordersatzes wieder auf und führt ihn durch den mitgeteilten Nachsatz zu Ende. „Δι᾽ ἑνὸς ἀνθρώπου": daß nicht, wie 2. Kor. 11, 3 und sonst, von Eva die Rede ist, geschieht im Interesse des Parallelismus mit Christus. Wie die Sünde durch Adam in die Welt gekommen, läßt die Stelle unbeantwortet. Davon, daß es auf dem Wege der Zeugung geschehen sei, steht keine Silbe da. Mit der adamitischen Sünde ist die Sünde in der Welt da. Mehr besagt die Stelle nicht. Lediglich dies unbestreitbare Datum spricht sie aus. Der Schwerpunkt liegt auf der Wirkung der Sünde: „καὶ διὰ τῆς ἁμαρτίας ὁ θάνατος." Insoweit hat es einen gewissen Schein des Rechts, zu sagen, es handle sich in dem ganzen Passus nicht sowohl um die Hamartigenie als um die Thanatogenie. Im Grunde handelt es sich aber auch nicht eigentlich um diese, sondern nach dem ganzen Kontext um eine einfache Verdeutlichung dessen, was die Gläubigen Christus verdanken, der καταλλαγή, die sie durch ihn empfangen haben (B. 11), der εἰρήνη πρὸς τὸν θεὸν, die sie durch ihn auf Grund der Glaubensgerechtigkeit haben (B. 1), und der προσαγωγή im Vertrauen auf diesen Gnadenstand (B. 2), durch die Parallele mit dem von Adam ausgegangenen Unheil. Dieses dient gewissermaßen als Folie der δικαίωσις (4, 25) ἡμῶν durch Christus, und in diesem Interesse kommt es zur antithetischen Heranziehung desselben. Wird die so gut wie unbestrittene Ergänzung von B. 12 durch den Nachsatz von B. 18 in der obigen Weise zugegeben, so korrespondieren ἑνὸς ἀνθρώπου ἡ ἁμαρτία (B. 12) und ἑνὸς δικαίωμα (B. 18), sowie ὁ θάνατος εἰς πάντας ἀνθρώπους (B. 12) und δικαίωσις ζωῆς εἰς πάντας ἀνθρώπους (B. 18); und endlich das kausale Verhältnis von ἑνὸς ἀνθρώπου ἡ ἁμαρτία zu εἰς πάντας ἀνθρώπους ὁ θάνατος (B. 12) und das von ἑνὸς δικαίωμα zu εἰς πάντας ἀνθρώπους δικαίωσις ζωῆς (B. 18). Danach wird die adamitische Sünde mit der Rechtthat Christi, der Tod mit der Rechtfertigung zum Leben und der Zusammenhang von Sünde und Tod, sowie der von Rechtthat und Rechtfertigung zum Leben verglichen. Von welchem Tode ist die Rede?

„Wie durch einen Menschen die Sünde gekommen ist in die Welt und durch die Sünde der Tod und so, im Zusammenhang mit der Sünde, der Tod zu allen Menschen hindurchgedrungen ist, sofern, dieweil sie alle gesündigt haben." Die Klausel ἐφ' ᾧ πάντες ἥμαρτον entspricht genau dem διὰ τῆς ἁμαρτίας ὁ θάνατος. Kommt der Tod durch die Sünde, so kann er nur insofern zu allen Menschen kommen, sofern sie alle gesündigt haben. Der Tod, von dem hier die Rede ist, ist also nicht durch die Sünde Adams auf alle Menschen übergegangen, sondern nur auf Grund und im Zusammenhang mit ihrer eigenen Sünde.

Denn das ἐφ' ᾧ kann weder heißen ἐν ᾧ mit Bezug auf δι' ἑνὸς ἀνθρώπου, was viel zu entfernt ist = in quo Adamo (Orig., Bulg., Aug., katholische Fassung: in Adami lumbis omnes peccaverunt), auch nicht: „dieweil sie — nämlich in Adam — alle sündigten" (Bengel, Meyer, Pfleiderer, Beyschlag, Neutestamentliche Theologie II, S. 58), noch propter quem (Chrys., Theophyl., Oekum.), oder per quem (Grot.), noch: „auf welchen sie alle sündigten", nämlich auf den Tod (Umbreit), denn das wäre ein Verhängnis, aber keine christliche Motivierung, kein verantwortlicher Akt, noch „unter welchen Umständen" (Hofmann) aus demselben Grunde. Alle diese Erklärungen würden die

Verbreitung der adamitischen Sünde auf einen Natur=
prozeß reducieren und sie damit zur Parallele für die Ver=
breitung der Gnade Gottes in Christus unbrauchbar machen.

Ἐφ᾽ ᾧ kann entweder heißen: „unter der Bedingung, daß“,
oder: „auf Grund dessen, daß“, ἐπὶ τούτῳ ὅτι im Sinne von διότι
„propterea quod“, „dieweil“ (Luther), „darum daß“, „weil“
(Blaß, S. 134); womit die Bedingung als eine erfüllte anerkannt
wird. Unter der Bedingung, daß sie alle gesündigt haben, ist der
Tod zu allen hindurchgedrungen; und diese Bedingung trifft bei
allen zu. Er ist zu allen hindurchgedrungen, weil sie alle gesündigt
haben. D. h. derselbe Zusammenhang zwischen Sünde und Tod,
wie bei Adam, findet bei allen statt: der Tod ist der Sünde Sold,
Aber eben der Sünde derer, die ihm verfallen, nicht etwa der Adams.
Ἥμαρτον, dieweil sie alle selbst faktisch gesündigt haben, aktuell
und individuell, nicht etwa nur als Träger eines habitus von
Adam her oder als Mitverschuldete des peccatum originale.
Was also ist der dogmatische Befund der Stelle? Nicht, was
Augustin darin fand und daraus ableitete, das Dogma von der
Erbsünde, als ob es eine Schuld für uns gäbe um Adams willen.
Diese Deutung ist durch die Motivierung: „ἐφ᾽ ᾧ πάντες
ἥμαρτον“ direkt ausgeschlossen. Kam die Sünde ohne weiteres
von Adam auf seine Nachkommen und so in alle Welt auf
Grund des genealogischen Zusammenhangs, so geschah es eben
nicht, „dieweil sie alle gesündigt hatten“, also aus einem andern
Grunde als dem, den die Stelle direkt angiebt. Geschah es aber
deshalb, weil sie alle gesündigt hatten, so geschah es eben damit
nicht durch Erbe, sondern durch eigene That. Der Erbsünden=
lehre bietet die dafür in erster Linie geltend gemachte Stelle keine
Stütze und keinen Anhalt.

Was die Stelle dagegen lehrt und vertritt, ist die Allgemein=
heit der Sünde im aktuellen und individuellen Sinne in der
Menschenwelt. Das „ἐφ᾽ ᾧ πάντες ἥμαρτον“, „dieweil sie alle
gesündigt haben“, schließt die Erbsünde aus, aber die Allgemein=
heit der Sünde unter den Menschen ein, die dazu d. h. zum
Selbstsündigen im individuell aktuellen Sinne, fähig sind; und —
die Allgemeinheit des Todes unter eben diesen, aber auch nur
unter ihnen. Den leiblichen Tod erleiden indessen nicht nur sie,
sondern auch Millionen Kinder, die weder zum aktuellen Selbst=
sündigen fähig, noch dessen zu beschulbigen sind. So gedeutet

würde also der Satz unwahr werden, worauf schon Meyer hin=
gewiesen hat. Dagegen dem geistlichen Tode, dem sittlichen Ver=
derben, verfallen alle, die je selbst und solange sie aktuell der
Sünde gedient haben, aber auch nur sie. Nur die Deutung auf
ihn ver= und erträgt B. 12. Nur sie auch die folgenden Berse.
B. 13: „Denn" — Begründung des „εἰς πάντας ἀνθρώπους ὁ
θάνατος διῆλθεν, ἐφ᾽ ᾧ πάντες ἥμαρτον" — Beweis, daß der
Tod wirklich zu allen hindurchgedrungen ist, sofern sie und die=
weil sie alle gesündigt haben, selbst da, wo das Sündenbewußt=
sein gar nicht vorhanden war — „denn bis zum Gesetz war
Sünde in der Welt." Sünde aber rechnet man sich nicht zu
— ἁμαρτία δὲ οὐκ ἐλλογεῖται —, wo man nicht das Empfinden
davon hat, daß ein Gesetz damit übertreten wird — μὴ ὄντος
νόμου. Dennoch (B. 14) hat der Tod von Adam bis Moses
über die geherrscht, welche nicht in der Weise der Übertretung
Adams sündigten, der da ein Vorbild des Zukünftigen ist.

Zu dem ἡ ἁμαρτία οὐκ ἐλλογεῖται zu ergänzen ὑπὸ τοῦ
θεοῦ, ist unmöglich. Denn die Sintflut (Gen. 6, 2) und die
Verwirrung der Sprachen (Gen. 11, 8), desgleichen die paulinische
Darstellung Röm. 1, 24: διὸ παρέδωκεν ὁ θεὸς αὐτοὺς (näm=
lich die Heiden), lauter Strafakte aus der gesetzlosen Zeit, be=
weisen dagegen. Vielmehr der Sündigende hatte kein bestimmtes
Sündenbewußtsein, wo ihm kein direktes Verbot das Gewissen
schärfte. Und doch herrschte der Tod als König — ἐβασίλευσεν — von Adam bis Mose. Der leibliche? War denn
etwa dessen Macht während der gesetzlosen Zeit größer als später?
Auf das außerordentliche Strafgericht der Sintflut läßt sich nicht
wohl verweisen, denn es giebt sich selbst als ein solches, das nicht
wiederholt werden soll, und die Exemplifikation erstreckt sich auf
den ganzen Verlauf der Periode von Adam bis Moses. Ja,
nach der biblischen Chronologie ist bie durchschnittliche Lebens=
dauer in der Patriarchenzeit länger als später, die Macht des
Todes also vergleichsweise eher geringer als unter dem Gesetz.
Dazu fehlt es uns an jedem Anhalt darüber, wie Paulus zu
dieser Frage stand. Und seine Meinung zu kennen, ist augen=
scheinlich von geradezu entscheidender Bedeutung, wo es sich darum
handelt, seine Worte zu deuten und ihren Sinn zu verstehen.
Inwiefern er dem leiblichen Tode ein βασιλεῦσαι in der gesetz=
losen Zeit beimißt, wissen wir nicht. Dagegen hatte er in er=

greifenden Zügen und bewegenden Farben als die Folge der
Sünde, gerade der gesetzlosen, ein Hingegebensein derer, die sie
thaten, in die Eitelkeit des Sündendienstes in Röm. 1, 18—31
geschildert und eben darauf den Ursprung des Heidentums recht
eigentlich zurückgeführt. Dort erfahren wir, wie Paulus über
die Wirkung der Sünde denkt. Wir hören, wie ihr Dienst den
Verstand verfinstert und den Menschen seinen Lüsten und Be-
gierden in entehrender Weise unterwirft; wie damit das Gottes-
bewußtsein sich in Götzenwahn wandelt und die Gottesferne in
Gottentfremdung übergeht. Genug, es ist die Schilderung des
sittlichen, des geistlichen Todes in unverkennbaren Strichen.

Dieser trifft keinen, der nicht selbst sündigt, aber auch jeden,
der in dem Selbstsündigen beharrt, je nach dem Grade mehr oder
weniger, und nicht nur auch ohne daß er sich seiner Sünde bewußt wird, sondern umsomehr, je weniger er sich ihrer bewußt
wird. Daher konnte er in jener gesetzlosen Zeit zum βασιλεύειν,
zur gebietenden Macht in besonderem Grade kommen. Natürlich
bleibt auch so Adam als der, der zuerst gesündigt hat, erst recht
der Urheber des Todes, nur eben des geistlichen, nicht aber des
leiblichen, der er nicht ist, da der Tod nicht nur, wie die
Paläontologie unzweideutig lehrt, in der Natur und auch der
animalischen Lebewelt herrschte, lange ehe das Menschengeschlecht
auftrat, sondern nach Paulus' eigener Lehre (1. Kor. 15, 42—50.
47 u. 48) einfache Folge der irdenen Natur des Menschen ist.
Auch nur so ist Adam „τύπος τοῦ μέλλοντος“, das Vorbild des
zukünftigen Adam, nämlich Christi, denn Christus hat nur vom
geistlichen, nicht vom leiblichen Tode erlöst, aber allerdings eben
damit auch von dem Schrecken des leiblichen, von dem eigentlichen Stachel desselben (1. Kor. 15, 56). Den von dem geistlichen Tode Erlösten d. h. aus der Geschiedenheit von Gott in
die Gemeinschaft mit ihm Geretteten kann auch der leibliche Tod
nicht mehr schrecken, denn auch er kann ihn nicht mehr scheiden
von der Liebe Gottes, die in Christus Jesus, unserm Herrn, ist
(Röm. 8, 38), „πέπεισμαι ὅτι οὔτε θάνατος οὔτε ζωή . . . .
δυνήσεται ἡμᾶς χωρίσαι ἀπὸ τῆς ἀγάπης τοῦ θεοῦ τῆς ἐν
Χριστῷ Ἰησοῦ τῷ κυρίῳ ἡμῶν.“

Nur in einer Beziehung weicht das typische Verhältnis
zwischen Adam und Christus ab (V. 15). Die Parallele erleidet
eine Einschränkung. Denn wenn durch den Fall des Einen

(B. 16) die Bielen ftarben, vielmehr ift die Gnade Gottes und das Geſchenk in der Gnade des Einen Menſchen Jeſus Chriſtus für die Bielen überreich wirkſam geworden, ἐπερίσσευσεν, auf die Bielen überſchwenglich übergegangen. Worin beſteht nun das überſchwengliche Plus auf Seiten der Gnadenwirkung? Thatſache ift, daß ſie nicht allen Menſchen zuteil wird, ſondern nur denen, welche ſie ſich aneignen. Auch redet ja die Stelle nur von „den Bielen": „εἰς τοὺς πολλοὺς ἐπερίσσευσεν." Müßte nun das οἱ πολλοὶ ἀπέθανον im Vorderſatz vom leiblichen Tode verſtanden werden, den alle erleiden, ſo wäre der Umfang der Gnadenwirkung ein erheblich engerer als der des Todes, und nicht ſowohl ein Plus als ein quantitatives Minus zu konſtatieren. Auch würde die Parallele inſofern nicht ſtimmen, als in dem einen Falle, dem der Gnade, die Aneignung nötig wäre, in dem andern dagegen der phyſiſche Tod bedingungslos alle ohne Unterſchied ereilt. Das παράπτωμα wäre alſo auch in dieſer ſeiner Wirkung der χάρις überlegen. Das ἐπερίσσευσε wäre buchſtäblich auf ihrer, aber nicht auf der Seite der χάρις.

Wird dagegen ἀπέθανον vom geiſtlichen Tode, wie B. 12, verſtanden, ſo wird es begreiflich, worin das Plus beſteht. Nicht darin zwar, daß ſich mehrere die Gnade aneignen als die Sünde. Denn ohne Sündenbewußtſein, alſo ohne Sünde, kommt überhaupt niemand zum Verlangen nach Gnade und zur Empfänglichkeit für Gnade.

Aber der geiſtliche Tod, das ſittliche Verderben, als Folge der Sünde entſpricht genau dieſer; geht nicht einen Strohhalm breit weiter als dieſe. Die Sünde iſt die Strafe der Sünde, im präciſen Verhältnis zu dieſer, zu der Art und zu dem Maß der Sünde. Nicht mehr und nicht weniger. Man ſinkt nur gerade ſo tief, als man ſündigt. Nicht tiefer, aber auch nicht weniger tief. Die abwägende Gerechtigkeit beſtimmt das Maß der Vergeltung. Keine Wage kann die Unterſchiede feiner abwägen als ſie. Das jus talionis iſt das nie überſchrittene Maß der Gottesordnung, nach der die Sünde zur Korruption, zum geiſtlichen Sterben führt. Die Gnade Gottes in Chriſtus dagegen geht über dieſes jus talionis unendlich überſchwenglich hinaus. Sie erlöſt uns nicht nur von dem geiſtlichen Tode, ſondern ſie erneuert eben damit unſere Herzen, ſie befähigt uns zur σωτηρία im positiven, zum Heil im höchsten Sinne, zum ewigen Leben, zur ewigen Seligkeit. Das ist und da ist das Plus in jeder Beziehung in überschwenglicher Weise auf Seiten der Gnade.

Auch ὁ θάνατος ἐβασίλευσεν ... ἐν ζωῇ βασιλεύσουσιν διὰ τοῦ ἑνὸς Ἰησοῦ Χριστοῦ" (V. 17) fordert diese Deutung. Nicht der leibliche Tod hat aufgehört durch Jesus Christus zu herrschen — ἐβασίλευσεν —, auch nicht unter den Christ=gläubigen, sondern der geistliche, die Gottesferne. Und nicht eine ζωή, die dem leiblichen Tode überhoben wäre, sondern die Gottesnähe, die auch der leibliche Tod nicht aufzuheben vermag, ist das Leben, in der sie herrschen in der Kraft dessen, der in den Schwachen mächtig ist, und in ihr Herren werden aller Dinge.

Desgleichen, wo Paulus in V. 18 den Strich unter seine Gedankenreihe von 5, 12 an zieht und das κατάκριμα mit der δικαίωσις ζωῆς in Parallele stellt, führt eben diese Parallele für κατάκριμα als Synonymon für θάνατος zu derselben Deutung. Niemand empfängt die δικαίωσις ζωῆς, der sie sich nicht aneignet. Der Parallelismus fordert, daß es mit dem κατάκριμα nicht anders vor sich geht. Der leibliche Tod trifft aber alle ohne Unterschied, gleichviel ob sie wollen oder nicht. Nur der geistliche Tod entspricht dieser Bedingung. Denn er ist immer ein selbst=bereiteter.

Auch der Ausdruck δικαίωσις ζωῆς führt zu demselben Schluß. Eine Rechtfertigung, die kein Leben wirkte, wäre keine. Dann aber kann auch die ζωή nicht erst das Leben sein in messianischer Zukunft, sondern es muß das geistliche Leben sein, welches von der δικαίωσις gar nicht getrennt werden kann. Oder es müßte überhaupt nicht im Diesseits zur δικαίωσις kommen, eine Annahme, der die δικαιοσύνη θεοῦ, von der es heißt, daß sie im Evangelium ἀποκαλύπτεται ἐκ πίστεως εἰς πίστιν (Röm. 1, 17), und die paulinischen Lehrbriefe durchweg widersprechen. So entspricht dem geistlichen Leben der geistliche Tod.

Was war der Anlaß des ganzen Passus? Die καταλλαγή, die wir jetzt — νῦν — durch Christus empfangen haben — ἐλάβομεν — (5, 11), durch ihr Gegenbild zu illustrieren. Dieses Gegenbild ist nicht der leibliche Tod, sondern die Trennung von Gott, die Geschiedenheit von ihm, die Gottesferne d. h. der geistliche Tod.

Was ist das Ergebnis des so verstandenen Abschnittes? So
wenig, wie das übrige Neue Testament, geht auch Paulus auf
die „alte Frage religiöser Spekulation πόϑεν τὸ κακόν?" (Bey=
schlag II, S. 57) ein. Auch in dem in Rede stehenden Passus
nicht. Auch nicht einmal „einen Anlauf geschichtsphilosophischer
Erklärung" (ebb.) hat er darin genommen. Er spekuliert nicht,
sondern er rekurriert, beruft sich lediglich auf thatsächliche Ver=
hältnisse. „Wie durch einen Menschen die Sünde gekommen ist
in die Welt — εἰσῆλϑε . . . διῆλϑεν": das sind einfache That=
sachen. Die Thatsachen von Sünde und Tod mit ihrem Aus=
gang in der Welt von einem Menschen verdeutlichen das in dem
Lebenswerk Jesu begründete Leben als antithetische Parallele.
Das Leben, das es zu verdeutlichen gilt, ist nicht Leben schlecht=
weg, leibliches Leben oder auch Leben über den leiblichen Tod
hinaus bloß als Fortexistenz irgend welcher Art, sondern inhaltlich
ganz bestimmtes Leben, nämlich Leben in der Gemeinschaft mit
Gott, in der καταλλαγή (B. 11), εἰρήνη πρὸς τὸν ϑεόν (B. 1).
Um gar kein anderes Leben handelt es sich in der ganzen
Episode, sowie in dem ganzen Briefe und in der ganzen paulini=
schen Theologie. Ganz demgemäß vertieft sich der Begriff des
Todes als des Gegenteils von Leben in den der inneren Ge=
schiedenheit von Gott; und dieser Begriff wird der beherrschende,
durchaus im Vordergrunde stehende Begriff. Nicht so, als ob er
die übrigen Begriffe, den des leiblichen und den des ewigen
Todes, ausschlösse: aber so, daß der leibliche lediglich als solcher
nicht schon als Strafe erscheint, und daß der ewige Tod nicht
sowohl ein Aufhören der Existenz als vielmehr eine Fortdauer
der Geschiedenheit von Gott, also des geistlichen Todes ohne Ende
ist. Der eigentliche Strafakt und Strafzustand ist der geistliche
Tod und wo er herrscht, wird er auch dem leiblichen Tod natur=
gemäß erst seine Schrecken geben. Denn ein Hinübergehen in ein
Reich dessen, mit dem man in keiner Verbindung und nicht in
Frieden lebt, ist naturgemäß ebenso ein schrecklicher Gedanke.
Aber auch nur so. Ohne diesen Stachel, unter andern Um=
ständen, wenn man mit dem Herrn des Jenseits versöhnt ist und
in Herzensgemeinschaft steht, kann der leibliche Tod vielmehr
Gegenstand des μᾶλλον εὐδοκεῖν werden, 2. Kor. 5, 8: „Wir
sind aber getrost und haben vielmehr Lust, außer dem Leibe zu
wallen und daheim zu sein bei dem Herrn." Denn das Wandeln

im Leibe ist immerhin nur ein Wandeln im Glauben und noch nicht im Schauen (2. Kor. 5, 7). Möchte allerdings an dieser Stelle der Apostel lieber überkleidet als entkleidet werden (V. 4), so daß, wenn es nach seinem Wunsche ginge, der leibliche Tod überhaupt für ihn durch die Überkleidung ersetzt würde: so bleibt doch für alle Fälle sein Glaube bestehen, daß, wenn und wie immer unsere irdische Hülle aufgelöst wird — „$\dot{\eta}$ ἐπίγειος ἡμῶν οἰκία τοῦ σκήνους καταλυθῇ, οἰκοδομὴν ἐκ θεοῦ ἔχομεν, οἰκίαν ἀχειροποίητον αἰώνιον ἐν τοῖς οὐρανοῖς“ (V. 1) — wir einen Bau haben von Gott, ein Haus nicht mit Händen gemacht, ewig im Himmel. Und wenn der Tod dazu der Übergang ist, so kann er nicht als Strafe empfunden werden. Und Phil. 1, 23: „Ich habe Lust abzuscheiden, ἀναλῦσαι, und bei Christus zu sein“: bezieht sich direkt auf die Erklärung: „Christus ist mir Leben, Sterben ist mir Gewinn.“ Der leibliche Tod ist also einem Paulus Gewinn. Dann kann er nicht Strafe, nicht Ge= richt für ihn sein. Dann kann er das nur für die sein, welche ihn nicht als mit Christus Verbundene, sondern als von ihm Geschiedene d. h. als geistlich Tote erleiden. Und das, was für sie verhängnisvoll wird, ist nicht der leibliche Tod, sondern der geistliche. Trennung von Gott: das ist Tod im Diesseits und Jenseits. Darin gipfelt das, was Cremer, Gräcität S. 450, die „gesamte gerichtliche Konsequenz der Sünde“ nennt; er giebt zu, daß der Tod „nicht ein einmaliges Faktum, sondern zugleich ein Zustand, wie auch das Leben, und zwar der Zustand des dem Gerichte anheimgefallenen Menschen“ ist, „das Gegenteil des Lebens, welches die Menschen durch die Erlösung wieder empfangen sollen“ (S. 451). Die einfache Folge davon ist, daß 1. Kor. 15, 26 der Tod als letzter Feind überwunden, eigentlich außer Wirksamkeit gesetzt werden muß (καταργεῖται: inaktiviert). Die Deutung des θάνατος auch hier auf den leiblichen Tod ist durch die ganze Situation ausgeschlossen. Denn das ἐν τῷ Χριστῷ πάντες ζωοποιηθήσονται (1. Kor. 15, 22) ist vorausgegangen. Die Parusie ist erfolgt. Darauf, heißt es, kommt das Ende, wann er das Reich Gott, dem Vater, übergiebt, nachdem er alle Herrschaft, Gewalt und Macht inaktiviert hat. Als letzten Feind trifft den Tod dieses Los der Inaktivierung. Die Vorstellung kann nur sein, daß der Prozeß des ζωοποιηθήσεσθαι ein durch alle diese Stadien fortlaufender ist, und daß es zur endgültigen

Überwindung aller vom Tode ausgehenden Hindernisse und Gegenwirkungen erst zuletzt kommt und ebenso das ζωοποιη-θήσεσθαι vollendet wird. In diesem Stadium kann es sich nicht mehr um den leiblichen Tod handeln, da diesen bereits die Parusie für alle die, welche sie erleben, inaktiviert hat, sondern nur, um immer neue Anfechtungen und Gefahren oder Regungen, welche an der Vollendung des ζωοποιηθήσεσθαι von innen aus hindern und also in die Macht des geistlichen Todes zurückzuwerfen drohen. Cremer indessen bestreitet, daß θάνατος in dem Sinne „der geistig-sittlichen Erstorbenheit" in der biblischen Gräcität überhaupt vorkomme (S. 451). Der von ihm zugegebene Sinn des „Zustandes des unter dem Gericht befindlichen Menschen" aber ist doch im Grunde nichts anderes. Denn woraufhin kommt es zu dieser Empfindung des Gerichts, wenn nicht auf Grund eben des sündlichen Bannes, unter dem der Mensch sich windet und keinen Zugang zu Gott findet? Psychologisch ist eben das der Verlauf, daß unsere Sünde uns das Angesicht Gottes verleidet. Wir fliehen es, weil wir auf seine Billigung nicht rechnen können. Diese geistig-sittliche Erstorbenheit ist eben das Gericht, daß wir uns scheiden von unserm Gott und ihn fliehen, anstatt ihn zu suchen. Und das ist nun der Zusammenhang zwischen Sünde und Tod: Die Sünde, der wir dienen im Widerspruch mit Gottes Willen, bringt eo ipso das Bewußtsein der Geschiedenheit von ihm mit sich. Dieses Bewußtsein ist das Gericht, unter dem wir stehen, und führt, wenn wir nicht mit der Sünde brechen, uns immer tiefer in den Zustand der Gottentfremdung, der Gottesferne, der Gottlosigkeit, und dies ist der Tod, der die nächste und unmittelbare Folge der Sünde ist. Naturgemäße, psychologisch kontrollierbare und völlig verständliche Folge — nach Gottes Ordnung. Von ihm rührt dieses, wie jedes andere Kausalgesetz her. So trifft uns diese Folge als Strafe; nur eben als eine, wie alle Strafen im neuen Bunde, die wir selbst über uns verhängen — nach Gottes Ordnung. Sie vergällt uns das Leben, und sie verbittert uns das Sterben, wenn es uns zu je unserer Zeit trifft, und sie endlich, wenn wir um die Vergebung zu bitten innerlich nicht mehr vermögen, bleibt unsere Qual ohne Ende und reift dann und so zum ewigen Tod d. h. zu einem geistlichen Tode ohne Aufhören. Ohne Aufhören, nicht deshalb, weil uns Gottes Güte nicht mehr erretten möchte, sondern weil wir nicht mehr es innerlich über uns vermögen, unsern Sündendienst aufzugeben und unsere Herzen der Gnade Gottes zu öffnen.

4. Der Tod Jesu.

Aber der Tod Jesu: verliert er nicht dadurch seine Bedeutung? Ist der Herr denn nicht gestorben, auf daß wir nicht mehr zu sterben brauchten? Ist nicht ὁ λόγος ὁ τοῦ σταυροῦ (1. Kor. 1, 18) recht eigentlich der centrale Mittelpunkt der paulinischen Predigt? Ist nun der leibliche Tod als solcher überhaupt nicht eigentlich Strafe, wozu bedurfte es denn dann, daß ihn Jesus für uns erlitt? Aber hat er ihn denn erlitten lediglich als solchen, nur als Naturordnung, als Tribut, den er der menschlichen Natur schuldig war? Nach der paulinischen Auffassung (1. Kor. 15, 45) war Jesus diesen Tribut gar nicht schuldig. Denn er war kein ἄνθρωπος ἐκ γῆς χοϊκός, sondern ἄνθρωπος ἐξ οὐρανοῦ (1. Kor. 15, 47). Erlitt er also den Tod, so erlag er damit nicht einer Naturordnung, sondern es war eine Selbsthingabe seines Lebens aus freier Fürsorge: ὑπὲρ πάντων (2. Kor. 5, 15), „auf daß, die da leben, nicht mehr sich selbst leben, sondern dem, der für sie gestorben und auferstanden ist." Also die beabsichtigte Wirkung ist eine ausgesprochen geistliche, eine Herzenshinwendung zu ihm und eine Lebensverbindung mit ihm.

Vgl. Röm. 5, 5: Die Liebe Gottes zu uns ist in unsere Herzen ausgegossen durch den heiligen Geist, der uns gegeben ist. Der heilige Geist vermittelt uns die Gesinnung, die Gott zu uns hegt, und macht uns ihrer gewiß. Und eben das ist der Weg, wie der Tod Jesu ein solcher ὑπὲρ ἡμῶν zu unserm Heile wird. Er fällt durchaus und ganz eigentlich unter den Gesichtspunkt der Selbsthingabe. Vgl. Röm. 5, 7: „Kaum wird einer um eines Gerechten willen sterben. Für den Guten nämlich wagt vielleicht jemand in den Tod zu gehen. Christus aber ist gestorben, da wir noch Gottlose waren" (Röm. 5, 6). In allen diesen Fällen, auch wo ein Mensch für den andern sein Leben einsetzt, wird der Tod nicht als Naturordnung erlitten, sondern es ist der eminenteste Beweis der Selbstverleugnung und der Nächstenliebe, ein sittlicher Akt von der denkbar größten, von unüberbietbarer Liebe. So nun vollends in dem Fall Jesu. Vgl. Röm. 5, 8: „Gott beweist

seine Liebe zu uns, daß Christus für uns starb, da wir noch
Sünder waren." So sind wir in seinem Blut gerecht geworden
und durch ihn errettet worden von dem Zorn (Röm. 5, 9). So
sind wir durch den Tod seines Sohnes versöhnt worden mit Gott
(Röm. 5, 10). Nämlich keineswegs so, als ob nun jedem dieses
$\delta\iota\varkappa\alpha\iota\omega\vartheta\tilde{\eta}\nu\alpha\iota$ (B. 9) oder dieses $\sigma\omega\vartheta\acute{\eta}\sigma\varepsilon\sigma\vartheta\alpha\iota$ oder dieses
$\varkappa\alpha\tau\alpha\lambda\lambda\alpha\gamma\tilde{\eta}\nu\alpha\iota$ zu teil würde, gleichviel ob er sich es aneignete
oder nicht; sondern so, daß dieser Tod als Akt der hingebendsten
Liebe ihm das Herz überwältigt und die Willensrichtung wandelt,
der Sünde ab= und Gott zuwendet. Ja, Paulus hat die Idee
der Stellvertretung. „Um unserer Sünden willen", $\delta\iota\grave{\alpha}$ $\tau\grave{\alpha}$
$\pi\alpha\varrho\alpha\pi\tau\acute{\omega}\mu\alpha\tau\alpha$ $\mathring{\eta}\mu\tilde{\omega}\nu$ (Röm. 4, 25), $\mathring{v}\pi\grave{\varepsilon}\varrho$ $\tau\tilde{\omega}\nu$ $\mathring{\alpha}\mu\alpha\varrho\tau\iota\tilde{\omega}\nu$ $\mathring{\eta}\mu\tilde{\omega}\nu$
(1. Kor. 15, 3), $\tau o\tilde{v}$ $\delta\acute{o}\nu\tau o\varsigma$ $\mathring{\varepsilon}\alpha\upsilon\tau\grave{o}\nu$ $\pi\varepsilon\varrho\grave{\iota}$ $\tau\tilde{\omega}\nu$ $\mathring{\alpha}\mu\alpha\varrho\tau\iota\tilde{\omega}\nu$ $\mathring{\eta}\mu\tilde{\omega}\nu$
(Gal. 1, 4), ist Christus gestorben. Der Tod Jesu gilt dem Apostel
als ein stellvertretender, aber nicht in dem äußerlichen Sinne, als
ob es sich um einen Tausch handle oder um eine Substitution
des Einen für den Andern, und so die Begleichung erfolgte,
sondern in dem tiefen Sinne, daß die unaussprechliche Liebe, die
in diesem für uns übernommenen Erlösungswerke bis zum Tod
am Kreuz kund wird, unsern Sündensinn bricht und uns sittlich
erneuert in der Gegenliebe zu dem, der das Abrahamsopfer
bringt, bezw. zu dem, der sein Leben hingiebt zur Erlösung für
viele. Das kann nicht deutlicher ausgesprochen und lehrhaft vertreten werden, als es 2. Kor. 5, 14 ff. geschieht. „Denn die
Liebe Christi", gen. subj., bringet uns „$\mathring{\eta}$ $\gamma\grave{\alpha}\varrho$ $\mathring{\alpha}\gamma\acute{\alpha}\pi\eta$ $\tau o\tilde{v}$
$X\varrho\iota\sigma\tau o\tilde{v}$ $\sigma\upsilon\nu\acute{\varepsilon}\chi\varepsilon\iota$ $\mathring{\eta}\mu\tilde{\alpha}\varsigma$" „auf Grund des Urteils" „$\varkappa\varrho\acute{\iota}\nu o\nu\tau\alpha\varsigma$
$\tau o\tilde{v}\tau o$, $\mathring{o}\tau\iota$ $\varepsilon\mathring{\iota}\varsigma$ $\mathring{v}\pi\grave{\varepsilon}\varrho$ $\pi\acute{\alpha}\nu\tau\omega\nu$ $\mathring{\alpha}\pi\acute{\varepsilon}\vartheta\alpha\nu\varepsilon\nu$. $\mathring{\alpha}\varrho\alpha$ $o\mathring{\iota}$ $\pi\acute{\alpha}\nu\tau\varepsilon\varsigma$
$\mathring{\alpha}\pi\acute{\varepsilon}\vartheta\alpha\nu o\nu$" —, „daß einer gestorben ist für alle. Folglich sind sie
alle gestorben." Heißt das: Indem Christus für alle starb, sind
eben damit die alle gestorben, in ihm gestorben? „d. h. werden
angesehen, als ob sie den (verdienten) Tod erlitten hätten, da ja,
wenn sie noch (um ihrer Sünden willen) sterben müßten, der
Tod Christi ihnen gar nicht zu gute gekommen wäre" (B. Weiß,
Biblische Theologie des Neuen Testaments [6], S. 306)? Wenn
zwar der Gebrauch des $\mathring{v}\pi\acute{\varepsilon}\varrho$, anstatt, für, in jemandes Namen,
an seiner Stelle, auch bei Klassikern erweislich, bei den Späteren
in Zusammensetzungen = $\mathring{\alpha}\nu\tau\acute{\iota}$ der besseren Gräcität, welches letztere
eine der absterbenden Präpositionen ist (Blaß, Grammatik des
neutestamentlichen Griechisch, 1896, S. 122), im Neuen Testament

nicht zu bestreiten ist (2. Kor. 5, 20; Philem. 13): so erst recht nicht der im weiteren Sinne: für, zu jemandes Gunsten überhaupt, im Gegensatz zu κατά τινος (Mark. 9, 40. Blaß, S. 132). Und der Text sagt nicht, daß die alle so angesehen würden oder worden wären, als ob sie mitgestorben wären, sondern — ἀπέϑανον — sie sind gestorben. — Der Zusammenhang ist so: Die Liebe Christi bringet uns auf Grund der Überzeugung, daß einer für alle, zu deren Gunsten, gestorben ist. Auf Grund dieser inneren entscheidenden Erkenntnis überwältigt uns die Liebe Christi. Die Folge ist — ἄρα οἱ πάντες ἀπέϑανον —, daß diese alle, nämlich so überwältigten, gestorben sind, nämlich sich selbst ab. Und dazu eben ist er für alle gestorben, daß die Lebenden nicht mehr sich selbst leben, sondern dem, der für sie gestorben und auferstanden ist. Sie werden also nicht so angesehen, als ob sie den physischen Tod als Strafe für die Sünde erlitten hätten, sondern sie sind wirklich gestorben ἀπέϑανον — nämlich im ethischen Sinne, und ebenso gleichwohl noch ζῶντες. Und dieses Sichabsterben und dem Herrn Leben, dazu eben ist Christus für alle gestorben: dieses Sterben und Auferstehen im geistlichen Sinne, das ist's, diese sittliche Erneuerung, das ist die Heilsabsicht (ἵνα), das ist die Heilsbedeutung des Todes Christi.

Selbst die vielgenannte Stelle Gal. 3, 13 kommt erst so zu ihrem tiefsten Sinn. „Christus hat uns losgekauft — ἡμᾶς ἐξηγόρασε — von dem Fluch des Gesetzes dadurch, daß er selbst ein Fluch für uns wurde, nämlich als Gekreuzigter nach Maßgabe des Schriftwortes: „Verflucht sei jeder, der am Holze hängt" — 5. Mos. 21, 23, frei nach LXX — „damit der Segen, der Abraham verheißen war (Gen. 12, 3), zu den Heiden oder den Völkern käme in Christus Jesus, damit wir die Verheißung des Geistes empfingen durch den Glauben." Es findet also auch hier keineswegs ein einfach äußerlicher Wechsel in den Personen statt, sondern der Gedankengang ist so: Christus ist ein Fluch für uns geworden als der am Holze hing. An das Holz hat ihn die Sünde der Menschen gebracht. In der Kreuzigung, dieser Anticipation des späteren écrasez l'infâme, überbot sich die Sünde selbst, spielte sie ihren höchsten, letzten Trumpf aus. Sie verfluchte den, der allein dem Fluche nicht von sich aus verfallen war. Sie kreuzigte ihn, weil er der allein Sündlose unter den Sündern war. Und weder fiel der allmächtige Gott den Übel-

thätern in den Arm noch wehrte sich Jesus. Er litt und starb
für uns, nicht im äußerlichen Sinn anstatt unserer, aber aller=
dings uns zu gute. Nämlich so, daß diese seine Liebe die
Augen öffnete und die Herzen wandelte und in dem Glauben an
ihn eine Neuschöpfung von innen aus, eine grundsätzliche Umkehr
von dem Sündendienst und Hinkehr zu Gott zuwege bringt. Also
nicht eine Substitution des Unschuldigen für den Schuldigen, so
wie er ist, sondern eine innere Umwandlung des Sünders durch
die Liebe Gottes in Christus bis zum Tode am Kreuz, oder,
wenn man es lieber so ausdrücken will, durch den Kreuzestod als
den Beweis davon und die gläubige Aneignung davon.

Nur so endlich kommt auch 2. Kor. 5, 21 zu seinem Recht:
Den, der Sünde nicht kannte, hat er für uns Sünde werden
lassen — ἁμαρτίαν ἐποίησεν — damit wir in ihm Gerechtigkeit
von Gott aus würden — δικαιοσύνη θεοῦ. Ἁμαρτίαν
ἐποίησεν kann nicht heißen: hat ihn Sündenträger werden lassen.
Noch viel weniger: Sündenthäter = ἁμαρτάνοντα, sondern nur,
was geschrieben steht, Sünde. Er hat ihn werden lassen zur
Sünde. Das hat Holsten schon richtig erkannt. Aber wenn er
das Wie so deutet, daß Christus in der σάρξ erschien, so hat er
den ausdrücklichen Wortlaut ἐν ὁμοιώματι σαρκὸς ἁμαρτίας
(Röm. 8, 3) sowohl gegen sich als auch die Fassung der σάρξ.
Daß diese ihrem Wesen nach sündhaft sei, ist nicht zuzugeben.
Der paulinische Sprachgebrauch berechtigt dazu nicht. Er wendet
den Ausdruck an freilich auch im Gegensatz zu πνεῦμα und gegen
Gott, aber doch auch einfach als die Substanz des Leibes (Eph. 5,
29. 30) und selbst im Sinne von כָּל בָּשָׂר = alle Menschen (Röm.
3, 20). Ἐκ σπέρματος Δαυὶδ κατὰ σάρκα (Röm. 1, 3) be=
zeichnet einfach die Herkunft Jesu nach seiner menschlichen Seite.
Ist also Jesus nicht Sünde als ἐν σαρκί gewesen noch in irgend
einem andern Sinne selbst, für sich selbst, Sünde geworden: so
kann er es nur für andere gewesen sein. Christus Sünde: für
wen? Für die, die sich an ihm ärgerten, denen er ein Dorn im
Auge, denen er l'infâme war. Denen wurde seine Erscheinung,
sein Leben und Lehren, sein Wohl= und Wunderthun zur Sünde,
und Gott hat es nicht gehindert; er hat ihrem bösen Sinn nicht
gewaltsam gewehrt, sich an dem Heiligen zu ärgern. So hat er
ihn werden lassen ihnen zur Sünde, uns zu gut. Eben so wirkte
und lebte sich ihre Bosheit aus, daß sie selbst an ihm nicht halt

machte, sondern an ihm erst recht in hellen Flammen aufloderte. Also etwa der Prozeß, den uns das Gleichnis schildert von den Weingärtnern, die den Erben nicht sowohl schonen, als um so entschlossener vernichten, so viel an ihnen liegt (Matth. 21, 38). Und der allmächtige Gott hat auch auf Golgatha den bösen An= schlägen nicht gewehrt und die Freiheit der Missethäter nicht ge= hindert, „damit wir würden Gerechtigkeit von Gott in ihm." Damit wir den Abgrund sähen der Sünde und den der Liebe Gottes in Christus und innerlich andere würden, der Sünde ab und Gott zu, und eben in dieser Gesinnung, wie sie sich im Glauben äußert und durchsetzt, von Gott in Christus gerechtfertigt werden: „$\delta \iota \kappa \alpha \iota o \sigma \acute{v} \nu \eta$ $\vartheta \varepsilon o \tilde{v}$ $\dot{\varepsilon} \nu$ $\alpha \dot{v} \tau \tilde{\omega}$." Die Antithese im Haupt= satze ist also nicht: den, der von keiner Sünde wußte, hat nun Gott doch zu solcher in dem Sinne werden lassen, daß er sie gethan oder getragen hätte, also nicht: sündlos und doch sündig oder Sünder; sondern: den, der von keiner Sünde wußte, hat Gott zur Sünde für andere, zum Anstoß zur Sünde werden lassen. Und das ist ein durchaus neutestamentlicher Gedanke. Dieser ist gesetzt zu einem Fall und Auferstehen vieler in Israel und zu einem $\sigma \eta \mu \varepsilon \tilde{\iota} o \nu$ $\dot{\alpha} \nu \tau \iota \lambda \varepsilon \gamma \acute{o} \mu \varepsilon \nu o \nu$ (Luk. 2, 34). Also: Gott hat ihn uns zu gut zur Sünde werden lassen, nämlich im Sinne von Luk. 2, 34, ohne daß er Sünder war, damit wir, nämlich durch den Glauben an ihn, in ihm Gerechtigkeit würden von Gott aus, ohne doch alle Gerechtigkeit erfüllt zu haben und, am allerwenigsten nach unserm eigenen Selbsturteil, gerecht zu sein.

Ausdrücke wie $\tau \iota \mu \acute{\eta}$ (1. Kor. 6, 20): $\dot{\eta} \gamma o \varrho \acute{\alpha} \sigma \vartheta \eta \tau \varepsilon$ $\gamma \grave{\alpha} \varrho$ $\tau \iota \mu \tilde{\eta} \varsigma$, ihr seid teuer, „um einen wirklichen Kaufpreis ($\tau \iota \mu \acute{\eta}$) erkauft" (B. Weiß, S. 308), 1. Kor. 7, 23: $\dot{\alpha} \pi o \lambda \acute{v} \tau \varrho \omega \sigma \iota \varsigma$, Röm. 3, 24: „$\delta \iota \grave{\alpha}$ $\tau \tilde{\eta} \varsigma$ $\dot{\alpha} \pi o \lambda v \tau \varrho \acute{\omega} \sigma \varepsilon \omega \varsigma$ $\tau \tilde{\eta} \varsigma$ $\dot{\varepsilon} \nu$ $X \varrho \iota \sigma \tau \tilde{\omega}$ $' I \eta \sigma o \tilde{v}$." $\dot{\iota} \lambda \alpha \sigma \tau \acute{\eta} \varrho \iota o \nu$ (Sühnmittel), Röm. 3, 25) behalten ihre volle, nur eben immer innerlich wirksame Bedeutung, wenn wir durch die lebenslange und zumal in seiner Berufstreue bis zum Tode und in der Selbsthingabe Jesu in ihn überwältigt und innerlich er= neuert werden zu einer Gesinnung, die sich solcher Gottesliebe öffnet und ebendamit mit der sündlichen Vergangenheit grund= sätzlich bricht.

Die Wirkung des Todes Jesu ist also direkt eine durchaus innerliche, und so erleben wir sie. So bestätigt sie unsere Er= fahrung. So zumal auch noch in der Todesstunde. Wir wissen,

auch der leibliche Tod kann uns nicht scheiden von der Liebe
Gottes, die in Jesus Christus ist. So wird also auch der leib=
liche Tod ein ganz anderes Erlebnis. Ein Akt, hinter dem, wie
ein Frühlingsgarten, das Daheimsein bei dem Herrn und das
Schauen des Geglaubten winkt, und nicht einer, hinter dem
Gericht und Verdammnis, ein Leben ohne Gott und ohne Hoff=
nung, droht. Und wiederum das ist es, was das Sterben der
Christen bestätigt. Dem leiblichen Tod sind sie nicht enthoben;
aber sie erleiden ihn nach dem Wort: „ὡς ἀποθνήσκοντες καὶ
ἰδοὺ ζῶμεν": „Als die Sterbenden, und siehe, wir leben"
(2. Kor. 6, 9). In dem Sinne erfüllt sich das Wort: „Der
Tod ist verschlungen in den Sieg." Seinen Stachel hat er ver=
loren; „der Stachel des Todes aber ist die Sünde" (1. Kor. 15,
54—56).

5. Die Auferstehung Jesu.

Und daß es wirklich ein Sterben zum Leben ist, das ver=
bürgt die Auferstehung des Herrn, 1. Kor. 15, 20—22: „Nun
aber ist Christus von den Toten auferweckt als Erstling der Ent=
schlafenen. Denn nachdem der Tod kam durch einen Menschen,
kommt auch die Auferstehung von den Toten durch einen Menschen.
Wie in Adam alle sterben, so werden auch in Christus alle zum
Leben kommen." „Ἐν τῷ Ἀδάμ" in der geistigen Gemeinschaft
mit ihm, in seiner Gesinnung. „Ἐν τῷ Χριστῷ," in der
Herzensgemeinschaft mit ihm, in seiner Gesinnung.

Geistlich werden sie zum Leben kommen, ganz und gar nicht
natürlich; nicht im leiblichen Sinne werden sie zum Leben kommen.
„Das aber sage ich, Brüder," schreibt Paulus 1. Kor. 15, 50,
„Fleisch und Blut können das Reich Gottes nicht ererben —
κληρονομῆσαι οὐ δύναται — noch erbt die Verwesung (ἡ φθορά)
die Unverweslichkeit." Für die, die die Parusie erleben, spricht
es Paulus als ein Geheimnis aus, und er schließt sich selbst mit
ein, werde eine Verwandlung eintreten: „ἀλλαγησόμεθα".
„Denn es muß das Verwesliche anziehen das Unverwesliche und
das Sterbliche anziehen Unsterblichkeit" (15, 53). Wenn das
eintritt, dann ist der Tod verschlungen in den Sieg. Dann
findet kein leiblicher Tod mehr statt, sondern die Verwandlung
tritt eben an dessen Stelle. Aber selbst dann gipfelt der Triumph
in dem: „Tod" (Tischendorf), nicht: Hades (recept.), „wo ist nun

dein Stachel?" Der Stachel ist das, womit der Tod verletzt; und dieses Verletzende an ihm, sein Stachel, ist die Sünde. Und in diesem Sinn bleibt das Wort wahr, und ist es der Trost der Christenheit geworden und geblieben, obwohl die Erwartung der Parusie noch bei Lebzeiten des Apostels sich nicht erfüllt hat; der Trost, obgleich der leibliche Tod ungehindert seine Opfer fordert und seine Ernte hält; der Trost an den Gräbern; der Trost für alle Fälle des ἐγερθήσεσθαι, sowie des ἀλλαγήσεσθαι (V. 52).

Also freilich findet in der Auferstehung in allen Fällen eine Verwandlung der Qualität oder ein Übergang in neue Qualitäten statt, ohne die Identität mit dem diesseitigen Personleben auf= zugeben, Identität bei qualitativer Veränderung; aber die Pointe ist doch, daß die Sünde d. h. die gottabgewendete Gesinnung auf= gehört hat und die gottzugewendete an ihre Stelle getreten ist d. h. die einwandfreie Versöhnung und Gemeinschaft mit Gott, das Leben mit Gott in Christus. Das wird um so augenfälliger, als nur von den κοιμηθέντες ἐν Χριστῷ (15, 18) einerseits und nur von den Glaubensgenossen des Paulus andrerseits — πάντες οὐ κοιμηθησόμεθα, πάντες δὲ ἀλλαγησόμεθα (15, 51) — die Rede ist; nur von deren Auferstehung, die ent= weder in ihm entschlafen sind oder noch bei Lebzeiten, bei seiner Parusie, verwandelt werden (V. 52).

Der Schwerpunkt liegt also auch in der Auferstehung, nicht sowohl auf der Auferstehung zu einem Leben, gleichviel wie und welchen, nur etwa zu einer Fortexistenz, wenn auch in andern Qualitäten als den diesseitig irdischen, als vielmehr in der Auf= erstehung zum Leben in der Gemeinschaft mit Gott. Des= gleichen liegt er nicht in dem Tode als dem natürlichen Ereignis, in dem leiblichen Tode als dem Tribut der menschlichen Natur, sondern in dem geistlichen Tode, und in dem leiblichen nur in seinem Zusammenhang mit der Sünde. Der Zusammenhang alles Todes mit der Sünde ist der eigentliche Grundgedanke, wo immer vom Tode bei Paulus die Rede ist: der Tod als Sold der Sünde und als solcher der Zustand des Menschen unter dem Gericht Gottes und damit in der Geschiedenheit von Gott.

6. Der Rekurs auf das Alte Testament.

Beruft man sich endlich für die Frage auf den Genesis= bericht, so ist er der von uns gegebenen Deutung günstiger als

der andern. Gen. 2, 17 heißt es: „Aber von dem Baume der
Erkenntnis des Guten und Bösen sollst du nicht essen; denn
welches Tages du davon issest, wirst du des Todes sterben."
„Dabei ist natürlich," sagt B. Weiß, S. 244, „an den physischen
Tod zu denken, in welchem die Seele vom Leibe getrennt wird
und dieser der Verwesung anheimfällt." Dabei bleibt indessen
immer schwierig, daß dann und so verstanden[1]) die Drohung nicht
eintrifft. Thatsache ist, daß der physische Tod Adams und Evas
nicht an dem Tage ihrer Sünde, sondern erheblich später eintrat.
Nun wendet man zwar ein, sie seien von diesem Tage an sterblich
geworden, und insofern sei die Drohung doch in Erfüllung ge=
gangen. Indessen der Wortlaut kommt bei dieser Deutung, die
dem bringenden Verdacht, ein Notbehelf zu sein, entschiedenen
Vorschub leistet, um so weniger zu seinem Recht, als eben in dem
„an welchem Tage" die Drohung ihre besondere Schärfe hat.
Dieser naheliegende Einwand bleibt auch unbehoben, wenn man
zwar mit B. Weiß zugiebt, daß auch dort die Folge der Sünde
nicht darin besteht, daß Adam sterblich wurde, sondern sie darin
sieht, daß er wirklich starb, nämlich, daß der an sich sterblich
geschaffene Mensch nicht die Gabe der Unsterblichkeit erlangte, die
ihm bestimmt war (Gen. 3, 22) und die seine irdische Leiblichkeit
ohne ihre Zerstörung im Tode zur himmlischen verklärt hätte
(S. 245). Denn das „an welchem Tage" bliebe auch so un=
erfüllt, wenn wir auch ganz davon absehen, daß der Baum des
Lebens sowohl an iranische Vorstellungen erinnert als auch in
der chaldäischen Sage vorkommt. Die Sofortigkeit der so ver=
standenen Strafvollziehung hätte aber dem Bedrohten, was in
pädagogischer Hinsicht doch geboten erscheinen müßte, gar nicht
zum Bewußtsein kommen können. Dazu kommt, daß dieser Zug
einer magischen Wirkung durch den Genuß dem geistigen Charakter
der übrigen Erzählung nicht kongenial ist, sondern allerdings
einen sehr viel tieferen Standpunkt der religiösen Entwicklung
verrät. Er erweist sich so selbst als ein erratischer Block anders=
woher. Können wir ihm daher gar keine Bedeutung für den
israelitischen Gedankengang des Ganzen zuerkennen: so fällt es
weiter wider die Deutung auf den leiblichen Tod als Strafe der
Sünde in die Wagschale, daß die Begründung des „bis daß du

---

[1]) Konnte das der Verfasser der Urkunde meinen, wenn er doch selbst
der lebendige Gegenbeweis gegen den so verstandenen Spruch war?

wieder Erde werdeſt, davon du genommen biſt" lautet: „denn du
biſt Erde und ſollſt zu Erde werden," und ſo den leiblichen
Tod aus der Natur des Menſchen und nicht aus ſeiner Sünde
erklärt.

Dem allen gegenüber ſieht man ſich nach einem Akt um, der
an dem Tage geſchieht, an dem geſündigt worden iſt, und ein
ſolcher mit allen Inſignien des richterlichen Vollzuges wird faktiſch
berichtet, 3, 23. 24: „Da ließ ihn Gott der Herr aus dem
Garten Eden . . . und trieb Adam aus." Und was war der
Garten Eden? Es war die Stätte der friedlichſten und freund-
lichſten, der kindlich naiven patriarchaliſchen Gemeinſchaft mit
Gott. Dieſe zerriß die Sünde ſofort, und das war ihre Strafe
auf dem Fuße: ſie trieb aus der Gottesnähe. In der gewalt-
ſamſten Weiſe. So iſt's noch immer ihre Art. Sie verſperrt
ſich ſelbſt den Weg zurück, ſolange ſie herrſcht. Das iſt der
Sinn des Vertreibens aus dem Paradieſe, und das iſt der Tod
in der Tiefe israelitiſch-religiöſen Empfindens: Trennung von
Gott, dem Quell wahren lebenswerten Lebens. Pſ. 36, 10: „Bei
dir iſt die Quelle des Lebens und in deinem Licht ſehen wir das
Licht." Jer. 2, 13: „Sie vergeſſen mich, die lebendige Quelle."
Vgl. auch B. Henoch 10, 11 und oft ähnlich. —

Von dem Bann dieſes Todes als des uns von Gott
trennenden Gerichtes kann niemand frei werden ohne den Glauben
an die Gnade Gottes in Chriſtus. Worin beſteht ſie?

Die Gnade Gottes in Chriſtus.

Die in Chriſtus in der Fülle der Zeit offenbar gewordene Gnade Gottes iſt eine ſo vorbedachte wie vor-
bereitete. Sie beſteht darin, daß Gott der Vater aus herz-
lichem Erbarmen mit der der ἀπώλεια verfallenen Welt
ſeinen Sohn ſendet zu ihrer Errettung, und daß dieſer mit
nachgehender Heilandsliebe um ſie wirbt und durch ſein
Leben und Sterben, durch ſein Auferſtehen und Erhöhet-
werden einen Weg des Heils eröffnet für alle, die an ihn
glauben.

**1. Die Universalität des göttlichen Heilswillens und die
Partikularität der Erlösung.**

Als die Zeit erfüllet ward, sandte Gott seinen Sohn (Gal.
4, 4). Nicht früher, aber auch nicht ohne genaue Berücksichtigung
der Zeitlage, der in der geschichtlichen Entwicklung der Völker
erreichten Stufe. Aber selbst, daß es soweit kam, hat unter seiner
leitenden Fürsehung gestanden. Es hat auch den Heiden nicht an
seiner Offenbarung (Röm. 1, 19) gefehlt; und auch sie haben
unter seiner strafenden Hand gestanden (Röm. 1, 24) διὸ παρέδωκεν αὐτοὺς ὁ θεός. . . . Nach seiner Ordnung haben sie das
Gericht, wie es sowohl in ihrem verkehrten Götzendienst als auch
in ihren Sünden und Schanden zu Tage trat, selbst über sich
heraufbeschworen und an sich vollzogen. Wiederum hat er sich
nicht unbezeugt gelassen an dem Volke seiner Wahl und ihm
frühe im voraus verkündet das Evangelium von seinem Sohn
durch die Propheten — προεπηγγείλατο (Röm. 1, 2). — Aber
wenn Israel das Gute nicht thut (Röm. 2, 9), so verfällt es
ebenso dem Gericht und der Bedrängnis, wie die Heiden. Desgleichen wenn die Heiden es thun, so bleibt auch ihnen der
Friede nicht aus (Röm. 2, 10). Denn bei Gott ist kein Ansehen
der Person (2, 11). Der entscheidende, ausschlaggebende Maß-
stab, nach dem gerichtet wird, ist für beide das Evangelium von
Jesus Christus (Röm. 2, 16).

Auf ihn hat der heilige Gottesrat von langer Hand her
vorbereitet, aber er ist ein Liebesrat für beide, Juden wie
Heiden, so viel an Gott liegt. Sie sind allzumal Sünder und
mangeln des Ruhmes, den sie vor Gott haben sollen (Röm.
3, 23). Aber die Langmut Gottes hat sie alle getragen (3, 26)
und für alle einen neuen Weg der Gnade in Aussicht genommen,
daß sie geschenksweise gerecht würden durch den Glauben an
Christus (3, 24); schlechterdings ohne jeden andern Unterschied
(3, 22). So ist dieser göttliche Liebeswille, dieser Gnadenrat
und diese Veranstaltung, aus dem Glauben gerecht zu werden,
von Gott aus durchaus und ohne Abstrich universell. Ist's doch
der eine, einige Gott, der nach einer Norm über alle richtet und
nach einem und demselben Maß alle messen wird, die jüdische
und die nichtjüdische Welt (3, 30).

Kommt es nun ungeachtet dieser universellen göttlichen
Liebesabsicht doch nur zu sehr partieller Berufung und selbst bei

Israel zu einer Verwerfung des Evangeliums vonseiten der Mehrheit: so liegt das nicht sowohl an Gott, sondern ausschließlich am Menschen; näher daran, daß es nicht zur Aneignung, zum Accept der Gnadengabe in Christus, nicht zum Glauben an ihn kommt. Und das hat wieder seinen tieferen Grund darin, daß der Glaube nicht eine Sache ist, die man bei übrigens unveränderter Gesinnung haben oder übernehmen kann,[1]) sondern daß dazu eine grundsätzliche Umkehr der ganzen Grund- und Willensrichtung unerläßlich ist. Im Princip muß man mit der Sünde brechen und sich im Herzen Gott zuwenden, ehe man an seine Gnade glauben kann, ehe man innerlich in die Lage kommt, selbst psychologisch in die Verfassung, der göttlichen Liebe sich zu öffnen und von ihr zu hoffen. Da nun zur Gnade immer zwei gehören, einer, der sie gewährt, und einer, der sie sich gewähren läßt, oder zur Erlösung einer, der erlöst, und einer, der sich erlösen läßt: so scheitert der göttliche Liebeswille ganz einfach an dem menschlichen Widerwillen, an der menschlichen Unempfänglichkeit.

Diesem entscheidenden Grundgedanken des Briefes an die Römer, der der ganzen Verhandlung, auch der dogmatischen, den ethischen Nachdruck giebt, scheint nun die Erörterung 8, 28—30 und der Kapitel 9—11, zumal 9, 6—29, sich nicht ohne weiteres einzuordnen. Wenigstens wird es mehrfach bestritten und von da aus dann auch die Gesamtauffassung der in Rede stehenden Frage eine andere. Deshalb bedarf es der weiteren Besprechung:

2. Gnadenwahl und Freiheit.

„Wir wissen aber, daß denen, die Gott lieben, alles zum Guten dient, weil sie nach dem Vorsatz berufen sind" (Röm. 8, 28). Einerseits Gott lieben, also eine unzweifelhafte Selbstthätigkeit, andrerseits nach dem Vorsatz berufen sein: liegt etwa da das Problem in knappster Antithese bereits vor? Der Vers

---

[1]) So Paul Wernle, „Der Christ und die Sünde", 1897, der die missionierende Glaubenspredigt des Apostels rein religiös ohne allen ethischen Gehalt faßt und damit wohl den äußersten Gegensatz gegen die von mir vertretene Lehre bilden mag. Vgl. wider ihn: Gottschick, Paulinismus und Reformation. Zeitschrift für Theologie und Kirche, 1897, Heft 5, S. 397 ff. Desgl. wider ihn Hilgenfeld, der darin eine „durchgeführte Herabsetzung des Paulus" sieht (in seiner Zeitschrift, 1898, 1. Heft, S. 139).

vorher (27) hatte gelautet: „Der aber, der die Herzen erforscht, weiß, worauf das Sinnen des Geistes geht, weil er Gott gemäß für die Heiligen eintritt." Das will sagen: Der die Herzen erforschende Gott weiß, was der in den Gläubigen wirksame Gottesgeist mit seinen stummen Seufzern meint, weil dieser, so wie es nach Gottes Willen ist, für die Heiligen eintritt. Die Heiligen=Gläubigen werden nun V. 28 als die ἀγαπῶντες τὸν θεὸν wieder aufgenommen, weil eben diese gottzugewendete Ge= sinnung, die Herzenshingabe an Gott, wie sie der Christusglaube voraussetzt und durchsetzt, wie er ohne sie gar nicht möglich ist, die unerläßliche Bedingung dafür ist, daß das κατὰ θεὸν, das κατὰ πρόθεσιν κλητοῖς οὖσιν, an ihnen zustande kommt. Der Grund, warum Paulus hier die Christen als die Gott liebenden charakterisiert, liegt also einfach darin, daß Gott nur an ihnen seine Heilsgedanken und Liebesabsichten realisieren kann. Das κατὰ πρόθεσιν κλητὸν εἶναι ist danach nicht wirksame Prä= destination, sondern lediglich der göttliche Vorsatz, sie zu berufen, die Absicht, der Liebeswille von Gott aus, soviel an Gott liegt; einfach der universelle Heilsrat. Denn es heißt nicht, wie Volkmar übersetzt: „da sie die nach dem Vorsatz Berufenen sind." Dadurch wird der Gedanke der Berufung vor andern in den Text eingetragen. Derselbe enthält keine Andeutung darüber, ob andere nicht berufen sind. Aber das „κατὰ πρόθεσιν", welches den Gedanken 3, 25: ὃν προέθετο ὁ θεὸς ἱλαστήριον διὰ πίστεως wieder aufnimmt, schließt keinen aus, der da glaubt, 3, 22: „εἰς πάντας τοὺς πιστεύοντας."

So bestimmt der Römerbrief und die drei übrigen Lehrbriefe aber diese Glaubensgerechtigkeit für alle ohne Unterschied (3, 22) als den alleinigen Heilsweg aufzeigt, so bestimmt ist eben damit die Universalität der πρόθεσις, des göttlichen Heilswillens in Christus, bezeugt. Somit ist die πρόθεσις keine partikulare, die κλῆσις κατὰ πρόθεσιν nicht etwa nur der Christgläubigen Vor= zug, sondern der göttliche Liebeswille, nach Vorsatz zu berufen zum Heil in Christus, umfaßt das ganze Menschengeschlecht, aber er kann der Natur der Sache nach, weil nur der berufen werden kann, der sich berufen lassen will und läßt, nur bei den Christ= gläubigen, die sich eben damit als Gottliebende dokumentieren, sein Ziel erreichen und perfekt werden; nur bei ihnen sich realisieren.

Danach enthält der Ausspruch von unerschöpflich tiefer Weis=
heit, Röm. 8, 28, nicht sowohl das Problem in Antithese als
vielmehr seine Lösung in der hier aufgewiesenen Synthese. Die
Gnadenwahl Gottes schließt die menschliche Freiheit nicht aus,
sondern ein. Die menschliche Freiheit kommt in dem Verhalten
des Menschen zu dieser Gnadenwahl zur vollen, grundsätzlich ent=
scheidenden Geltung und Anerkennung.

An dieser Lösung können auch die folgenden Verse nicht irre
machen: V. 29: „Denn die er vorher erkannte, die hat er auch
vorher bestimmt zu Gleichgestalteten des Bildes seines Sohnes,
daß er sei Erstgeborner unter vielen Brüdern." V. 30: „Die er
aber vorher bestimmt hat, die hat er auch berufen; und die er
berufen hat, die hat er auch gerechtfertigt, und die er gerecht=
fertigt hat, die hat er auch verherrlicht." Immer unter der Vor=
aussetzung, daß es Gott liebende sind d. h. daß sie sich berufen
lassen. Das Verständnis dieser Worte im Sinne einer Prä=
destination, die lediglich in der Auswahl oder auch nur in der
Bestimmung Gottes ihren Grund hätte, wird durch den ganzen
bisherigen Gedankengang des Römerbriefes ausgeschlossen. Denn
dieser geht durchweg darauf hin, die Glaubensgerechtigkeit ledig=
lich für die Gläubigen (3, 22) in Anspruch zu nehmen. Die
Gott liebenden, die Christen, ἅγιοι, werden auf den Heilswillen
Gottes gewiesen. Dieser Heilswille ist offenbar sowohl durch die
Sendung seines Sohnes als auch durch die besondere Führung, durch
die jeder Einzelne der Glaubensgenossen des Apostels von damals
und zu allen Zeiten Christ wird, und ebenso eine Thatsache. Und es
ist ein Trost für den Christen, daß er es weiß: Es ist der Heils=
wille Gottes, der in ihm angefangen hat das gute Werk, daß er
das Ziel der Heilsvollendung erreiche. Aber eben ein Trost unter
der Voraussetzung, daß der Berufene sich diesem Heilswillen
immer weiter erschließe und ihm gegenüber empfänglich bleibe. Es
ist die Gottesordnung, daß das Gläubigwerden ein der Sünde
principiell ab= und Gott zugewendetes d. h. Gott liebendes Herz
voraussetzt und unter der Fortdauer dieser Voraussetzung mehr
und mehr an Vertiefung zunimmt. Genau die Gottesordnung,
die der Römerbrief bisher für den Eintritt des Glaubens auf=
gezeigt hatte und die er nun auch für seine Vollendung festhält.
Und daß es so ist, daß das der Wille Gottes ist, ist ein Trost
für alle Gläubigen in den Leiden dieser Zeit und dem eigenen

Seufzen in aller Unvollkommenheit der diesseitigen Weiter=
entwicklung gegenüber: der tiefste Grund der christlichen Heils=
gewißheit. Genau in diesem Tone geht und dem entspricht, was
nun folgt, V. 31—39: „Der ja seines eingebornen Sohnes nicht
verschont hat, sondern ihn für uns alle dahingegeben hat: wie
sollte er nicht mit ihm uns das Ganze schenken" (V. 32). „In
dem allen überwinden wir weit durch den, der uns liebt" (V. 37).
„Denn ich bin überzeugt, daß weder Tod noch Leben 2c. uns zu
scheiden imstande sein wird von der Liebe Gottes, die in Christus
Jesus ist, unserm Herrn" (V. 39). Aber weder dieses Trostes
und der darin liegenden Ermunterung noch selbst der Erlösung,
der Hingabe seines eingebornen Sohnes, hätte es bedurft, wenn
unser Heil und seine Vollendung lediglich von Gottes Willen ab=
hinge und präbestiniert wäre. Und ganz genau dem widerspricht
nun auch keineswegs der Passus Kap. 9—11 über die Ver=
wirklichung des Heils ungeachtet der Verwerfung Israels. Denn
er verläuft in den Sätzen: Israels Verwerfung widerspricht nicht
der Verheißung Gottes (9, 6—29); Israel selbst hat sie ver=
schuldet (9, 30—10, 21); dennoch wird Gott das Heil für alle
verwirklichen (Kap. 11). Nämlich auch dies keineswegs etwa ohne
die Sinnesänderung Israels, sondern vielmehr eben so, daß auch
für Israel, wie seinerzeit für die Heiden, die Zeit kommen wird,
wo sie die ἀπείθεια aufgeben und so erbarmungsfähig werden
(11, 31).

„Denn unbereut — ἀμεταμέλητα — sind die Gnaden=
gaben und die Berufung Gottes" (11, 29). So viel an ihm
liegt, er nimmt nichts zurück. Seine Arme sind immer offen
und ausgebreitet (10, 21) „ὅλην τὴν ἡμέραν ἐξεπέτασα τὰς
χειράς μου πρὸς λαὸν ἀπειθοῦντα καὶ ἀντιλέγοντα." Er
verstieß sein Volk nicht: οὐκ ἀπώσατο, das er lange liebte —
ὃν προέγνω —: der Ausdruck ist also nicht im Sinne einer
irgendwie gedachten Prädestination, sondern einfach und dem
Kontexte (10, 21) allein gemäß historisch zu fassen. Das προ
im Sinne der thatsächlich frühen und weit zurückreichenden Er=
fahrung der Gotteshuld vonseiten des Volkes, welche in dem
Vordergrund des israelitisch frommen Bewußtseins zu stehen
pflegte und immer gestanden hatte, und das — εγνω — im
Sinne des hebräischen יָדַע Syn. בָּחַר = diligere — mit dem Acc.
oder בְּ. In dieser Bedeutung ist es unbestritten nicht nur neu=

testamentlich, sondern auch paulinisch (1. Kor. 8, 3; Gal. 4, 9;
Phil. 3, 10; 2. Kor. 5, 21; auch 2. Tim. 2, 19). Also das
Volk, das er so lange liebte. Ein Appell an die Erfahrung
Israels selbst.

Auch 9, 6—29 redet der Prädestination ganz und gar nicht
das Wort. V. 11: „Denn als sie noch nicht geboren waren"
(nämlich Esau und Jakob), und noch nicht gethan hatten Gutes
oder Böses, damit der Vorsatz Gottes nach Auswahl abhängig
bleibe nicht von Werken, sondern von seiner Berufung," schreibt
mit dem ἵνα dies als die Absicht Gott zu, daß der Vorsatz
Gottes nach Auswahl bleibe — μένῃ — abhängig nicht von
Werken des Menschen, sondern von der Berufung Gottes; daß
also ein rechtlicher Anspruch des Menschen ausgeschlossen bleibe.
Dies und nur dies will der Apostel aus den angezogenen Schrift=
stellen darthun. Es kann sich niemand auf ein πράττειν τι
ἀγαθόν etwas zugute thun, auf seine ἔργα keinen Rechtsanspruch
gründen. Nur dies, nicht mehr, entnimmt er aus den Citaten.
Die unbedingte Gnadenwahl, die Augustin, Calvin, de Wette u. a.
hier ausgesprochen finden, würde alle weiteren Maßnahmen einer
via salutis entbehrlich machen und den Menschen zu einer willen=
losen Kreatur degradieren. Der Feuereifer des Apostels und
diese alle menschliche Aktivität lähmende Lehre sind unvereinbare
Gegensätze. Aber er lehnt sie ja auch selbst auf das Bestimmteste
im Folgenden ab, als ein Mißverständnis seiner Meinung. Er
geht direkt auf den naheliegenden Einwand ein, ob denn nicht
ein solches καλεῖν κατ' ἐκλογήν eine Ungerechtigkeit Gottes sei
(9, 14—21), und giebt den Bescheid: Der Empfangende ist der
Mensch, der Gebende ist Gott. Auf eine Gabe hat man kein
Recht, und wer giebt, hat keine Verpflichtung, auf irgend welche
Erwartungen Rücksicht zu nehmen. Es steht in Gottes freier
Souveränetät, sich zu erbarmen, wes er will (9, 15). Folglich,
schließt Paulus in seinem apologetischen Interesse ad hoc, liegt
es nicht am Wollen oder Laufen des Menschen, sondern an dem
Erbarmen Gottes, wem es zuteil wird (9, 16). Folglich, die
Anwendung soll nun der selbstgerechte Jude in seinem Herzen
machen, kommt es ihm nicht zu, auf Grund irgendwelcher
Leistungen oder angeblicher Vorzüge mit Gott zu rechten. Ist es
Gnade und nur Gnade, die uns helfen kann, wenn uns geholfen

werden soll: so läßt sich diese naturgemäß nicht erzwingen. Ein
Rechtsanspruch auf sie schließt sich von selber aus.

Wiederum ist es eine Gottesordnung, daß die Sünde den
Willen verdirbt und ihn je länger je mehr verstockt gegen Gottes
Wort und Gebot. Das ist Gottesordnung, aber wir vollziehen
sie an uns und in uns. Sie vollzieht sich nicht ohne uns. Auch
der allmächtige Gott vollzieht sie nicht an uns ohne unsern
Willen, ohne durch unsern Willen. Ja er hat weder Mose sich
erbarmt, der erst in lebenslanger Führung und Erziehung er=
barmungs= und berufungsfähig wurde, noch Pharao verstockt, von
dem es Ex. 9, 34 heißt: „Da aber Pharao sah, daß der Regen
und Donner und Hagel aufhörte, versündigte er sich weiter und
verhärtete sein Herz, er und seine Knechte," ohne je ihren Willen,
ohne je mit und durch ihren Willen. Aber darum ist es doch
immer seine Ordnung, ist es sein Wille, wenn er sich eines, eines
verzagten Herzens, erbarmt, und sein Wille, wenn er einen seinem
trotzigen Herzen verfallen läßt, und es behält seine Wahrheit: Er
ist gnädig, wem er es sein will; und er verstockt, wen er will
(9, 18).

Aber „Was tadelt er denn dann? Denn wer widersteht
seinem Willensratschluß?" (9, 19) läßt Paulus seinen supponierten
jüdischen Gegner einwerfen. Nämlich, wenn diesem etwa das
Gnädigsein gälte, wenn Gott Israel auswählt unter den Völkern,
redet er nicht darein. Aber wo ihm die Verwerfung droht, da
dünkt ihm die Sache eine ganz andere. Und eben dieses hochmütige
Ansinnen, als ob die allgemeine Gottesordnung eine Ausnahme
erleiden solle um seinetwillen, ruft die angemessene Antwort
(9, 20) hervor in dem zurückweisendsten Tone: ὦ ἄνθρωπε, du
ohnmächtig, hinfälliges Menschenkind, hast du denn ganz vergessen,
was für ein Gemächte du bist? Du Tropfen am Eimer, der
am Eimer unbeachtet hängen bleibt, wenn das Wasser ausgegossen
ist, du, den ein Hauch seines Mundes verweht, und deines
Bleibens ist nicht mehr, und deine Stätte kennet man nicht mehr:
du willst mit dem hehren und erhabenen, dem dreimal heiligen
Gott, von dem und zu dem und durch den wir sind, rechten?
Wird denn auch das Gebilde sagen zu dem Bildner: Warum
hast du mich so gemacht? Hat denn der Töpfer nicht Macht
über den Thon, aus derselben gekneteten Masse das eine Gefäß
zur Ehre, das andere zur Unehre zu machen? (V. 20. 21). Das ist

der Sinn der Antwort, die Paulus auf das „τί ἔτι μέμφεται“ giebt. Er bricht die Frage nicht ab, wie Melanchthon meint, sondern er führt die Grundrichtung, aus der sie stammt, ad absurdum. Er wendet sich gegen die Gesinnung, die in ihr zur Sprache kommt. Er trifft sie mit seiner Widerlegung in ihrem Kern. Das tertium comparationis zwischen dem gewählten Gleichnis und dem Verhältnis des Menschen zu Gott ist nicht das absolute Schöpferrecht (B. Weiß), sondern das Unrecht, näher die Absurdität der Anmaßung gegen den Schöpfer. Nur diese lag vor in dem τί ἔτι μέμφεται; nur sie galt es zu geißeln und ad oculos zu demonstrieren. Darüber hinaus ist der Vergleich nicht in Anspruch zu nehmen. Alle übrigen Züge sind inkongruent. Gott ist nicht der πλάσας oder der κεραμεύς dem Menschen gegenüber, sondern der Schöpfer. Der Mensch ist nicht ein πλάσμα oder ein aus der gekneteten Masse des πηλός geformtes σκεῦος, sondern ein Geschöpf. Das Thongefäß wird von außen, der Mensch von innen. So schließt sich die Übertragung der übrigen Züge von selbst aus. Gott ruft den Menschen aus dem Nichtseienden ins Sein. Der Töpfer braucht zu seinem Gebilde Thon. Der Vergleich beschränkt sich strikte auf die Abhängigkeit des Geschöpfes vom Geschöpf und beweist die Absurdität des ἀνταποκρίνεσθαι τῷ θεῷ. Thatsächlich hat aber Gott von seinem Recht Gebrauch gemacht nur im Interesse des keineswegs willkürlich bedingungslosen, sondern wohl motivierten Erbarmens (9, 22—29). Er trägt die in vieler Langmut, die für den Untergang bereits reif waren — κατηρτισμένα, zugerichtet, bereitet waren (9, 22): von wem? Wie immer und in aller Welt: nach Gottes Ordnung durch sich selbst. Wenn sie σκεύη ὀργῆς waren, so war ja doch mit dieser ihrer Bezeichnung auch ihre Schuld ausgesprochen. Wenn ein Rest — ὑπόλειμμα (9, 27) — dennoch die Verheißungserfüllung erlebt, so geschieht es, weil er sie ermöglicht, weil sein Herz empfänglich für dieselbe bleibt.

Nach alledem ist es (H. Holtzmann II, S. 105) nicht zuzugeben, weder daß Paulus die Prädestination lehrt noch daß diese den konsequenten Abschluß seiner Heilslehre bildet, noch daß sie für einen Theismus, der keinen Effekt denkt, ohne einen denselben als Zweck setzenden Willen Gottes dazu zu denken, unvermeidlich ist.

Freilich kennt der Theismus keinen Effekt, den der Wille Gottes nicht in Aussicht nähme und als Zweck setzte. Aber sofern der Gegenstand des göttlichen Zweckes ein sittlicher Akt oder ein Ergebnis ist, welches nur durch die Selbstentscheidung, näher den Glauben, des willensfreien Menschen erreicht werden kann, schließt er einen Effekt im prädestinatianischen Sinne aus. Der Effekt der Erlösung ist eben seiner Natur nach unerreichbar, wenn nicht beide Faktoren, der auf die Erlösung bedachte göttliche Wille und der sich erlösen zu lassen bereite menschliche Wille, zusammentreffen. Und eben damit ist das Problem von der Gnadenwahl und der Freiheit gelöst, der Theismus und die Freiheit zugleich gewahrt.

3. Die Person Jesu.

a) Der Herr.

Die erste innere Berührung des Apostels mit seinem Herrn datiert von dem Auferstandenen und Erhöhten; von dem Erlebnis auf dem Wege nach Damaskus, 1. Kor. 9, 1: „Οὐχὶ Ἰησοῦν τὸν κύριον ἡμῶν ἑώρακα;“ 1. Kor. 18, 8: „ἔσχατον δὲ πάντων ὡσπερεὶ τῷ ἐκτρώματι ὤφθη κ᾽αμοί.“ Er ist der Verherrlichte, der Herr, „ὁ κύριος τῆς δόξης“ (1. Kor. 2, 8), der ihn in seinen Dienst genommen und zu seinem Apostel ausersehen hat und dem er dient; die δόξα ist ein göttliches Prädikat (Röm. 1, 23); und eben die γνῶσις τῆς δόξης τοῦ θεοῦ ἐν προσώπῳ Χριστοῦ (2. Kor. 4, 6), das ist das Geheimnis des Glaubens. Aber diese δόξα steht auch den Christgläubigen in Aussicht (2. Kor. 3, 18), nur eben in seiner Gemeinschaft. Indessen noch allgemeiner wird der Ausdruck von Mose gebraucht: von der Herrlichkeit seines Angesichts, die doch vergänglich war (2. Kor. 3, 8), der Dienst der Verwerfung (3, 9), des Todes (3, 7) wird herrlich genannt. Das ändert gleichwohl an der Thatsache nichts, daß die δόξα τοῦ Χριστοῦ ausdrücklich darin gefunden wird, daß er ist εἰκὼν τοῦ θεοῦ (2. Kor. 4, 4; vgl. Röm. 1, 23; 5, 2). Auch in andern Stellen, wo der Ausdruck allgemeiner klingt, behält er doch seinen Zusammenhang mit Gott. Daneben wird doch von der δόξα der irdischen Leiber im Unterschied von der der himmlischen, von der der Sonne, des Mondes und anderer Sterne (2. Kor. 15, 40 ff.) geredet, so daß ich den Ausdruck nicht mit B. Weiß, S. 288, auf eine „überirdische Lichtsubstanz im Gegensatz zu aller irdischen Materialität“ zu deuten vermag. Es ist der Herr, der von ihm gesehen wird und ihn überwältigt. Daher

verkündigt seine Predigt Christus Jesus als Herrn (2. Kor. 4, 5).
Dem er sich verantwortlich weiß, der mit ihm ins Verhör geht, ist
der Herr (1. Kor. 4, 5). „Ehe der Herr kommt", soll alles mensch=
liche Richten wider ihn ausseßen (1. Kor. 4, 5). „Niemand kann
Jesum einen Herrn heißen ohne im heiligen Geist" (1. Kor. 12, 3).
Wenn du mit deinem Munde Jesus als Herrn bekennst und in
deinem Herzen glaubst, daß Gott ihn von den Toten auferweckt
hat, so wirst du selig werden" (Röm. 10, 9). Der Parallelismus
(10, 9) legt den Schluß nahe, daß Jesus sich als Herr dadurch
ausgewiesen hat, daß er von den Toten auferstanden ist. Und
„Jesus Christus, unser Herr" wird die umfassende Bezeichnung
alles dessen, was er uns ist. So Röm. 1, 4. Aber eben in
dieser Stelle tritt es zugleich zu Tage, daß Paulus darüber
keineswegs den Werdegang übersieht, den der Glaube an Jesus
bis zu seiner Auferstehung genommen hat. Nicht als ob er selbst
„erst durch die mit der Auferstehung eingetretene Erhöhung in
die Würde der Sohnschaft nun auch thatsächlich eingesetzt und
gleichsam in wirksamer Weise (ἐν δυνάμει) geworden" wäre,
„was er bisher nur seinem Wesen nach war" (B. Weiß), aber
konstatiert[1]) wurde er dadurch als Sohn Gottes ἐν δυνάμει vor
dem Glaubensauge.

b) Die Herkunft Jesu.

Die Kontroverse, um die es sich dabei handelt, ist, ob
Paulus eine übernatürliche Herkunft Jesu lehre oder nicht.

Röm. 1, 3. 4 giebt Paulus von vornherein eingehenden
Bescheid über die Person Jesu, in dessen Dienst er das Evan=
gelium verkündet: das Evangelium Gottes, sagt er, welches der=
selbe (Gott) voraus verheißen hat durch seine Propheten in
heiligen Schriften, nämlich von seinem Sohne, der gekommen ist
aus Davids Samen nach dem Fleische, in Machtherrlichkeit
konstatiert als Sohn Gottes nach dem Geiste der Heiligkeit
von der Auferstehung von den Toten aus, von Jesus Christus,
unserm Herrn.

---

[1]) Freilich kann ὁρίζειν auch zu etwas bestimmen heißen, aber die
häufigere Bedeutung, zumal mit persönlichem Objekt und doppeltem Acc.,
ist, jemanden für etwas erklären, Xen. mem. 4, 6, 4 und 8, nämlich, daß
er es sei, nicht, daß er es sein solle. Die erste Fassung verbietet m. E.
Röm. 1, 3, wonach Jesus dem Apostel als υἱὸς τ. ϑ. von Haus aus gilt.
Vgl. Cremer, S. 727.

Man sagt uns (Beyschlag II, S. 66), „τοῦ γενομένου ἐκ σπέρματος Δαυὶδ κατὰ σάρκα" (1, 3) schließe die synoptische Überlieferung von einer vaterlosen Erzeugung und jungfräulichen Geburt aus (2. Aufl., S. 68). Denn Jesus müßte danach einen menschlichen Vater gehabt haben, der von David abstammte. Aber konnte er denn nicht auch vermittelst der Maria Davidibe sein? Diese Ausflucht verbiete der Mangel jeder biblischen Überlieferung von einer davidischen Abkunft der Maria. Wenn aber das Ge= schlechtsregister bei Luk. 3, 23 ff. den Stammbaumder Maria über David (3, 31) bis auf Adam zurückführt, so wird man diesen Mangel nicht zugeben können; wobei Eli (3, 23)[1]) als Schwieger= vater Josephs verstanden wird. Luk. 1, 32 heißt es desgleichen, Gott werde dem Sohn der Maria den Stuhl seines Vaters David geben. Vgl. Luk. 1, 27. Auch daß das ἐκ σπέρματος lediglich auf väterliche Erzeugung verweise nach durchgängigem Sprach= gebrauch, ist nicht ausgemacht. Vielmehr daß σπέρμα auch meto= nymisch für die Nachkommenschaft steht, sowohl im Neuen Testa= ment wie insbesondere bei Paulus (Röm. 4, 13. 16; 9, 7; Gal. 3, 16. 19) ist nicht zu bestreiten. Also ausgeschlossen ist die über= natürliche Herkunft durch den Wortlaut nicht. Aber freilich über das „Wie" enthält er keine Auskunft. Ganz konform der Weis= sagung, die sich durchaus auf den Zug ohne alle nähere Be= stimmung beschränkt hatte. Aber der ganz bestimmt antithetische Zusatz hätte ja gar keinen Sinn, wenn die davidische Herkunft die einzige wäre, die sich von dem „υἱός" τοῦ θεοῦ aussagen ließe und ausgesagt werden sollte. Dem „γενομένου ἐκ σπέρ= ματος . . ." steht das „ὁρισθέντος υἱοῦ θεοῦ . . ." gegenüber; dem „κατὰ σάρκα . . ." das κατὰ πνεῦμα ἁγιωσύνης." Freilich erfolgt die Konstatierung als Sohn Gottes gemäß dem Heiligkeits= d. h. dem heiligen Geiste erst auf Grund der Auferstehung, aber eben doch nur die Konstatierung; nicht als ob er erst durch sie zum Gottessohn erhoben worden wäre. Sondern das war er κατὰ πνεῦμα ἁγιωσύνης. Es trat nur infolge der Auferstehung zu Tage, daß er es war. So verstanden läßt sich nun doch nicht sagen, das κατὰ πνεῦμα beziehe sich nicht auf die Herkunft,

---

[1]) Gen. der Zugehörigkeit (Blaß, S. 94), der Verwandtschaft, „nur was der Genitiv ganz im allgemeinen ausdrückt, bleibt dem Leser nach Maßgabe der geschichtlichen Verhältnisse genauer zu bestimmen überlassen" (Winer, Grammatik des neutest. Sprachidioms, S. 175).

sondern auf die Hinkunft zur Sohnesmacht und Herrlichkeit (Bey-schlag II, S. 67. 2. Aufl. 1896, S. 69). Sondern es heißt einfach: nach dem Fleisch war er Davidide, nach dem Heiligkeitsgeiste Gottes Sohn. Daß endlich Gottessohn in keinem andern Sinne genommen werden dürfe, als in dem, welchen der Ausdruck schon im Alten Testament hat (Ps. 2, 7), d. h. im theokratischen zur Bezeichnung des Messias, wie es B. Weiß von περὶ τοῦ υἱοῦ αὐτοῦ in Ver-bindung mit προεπηγγείλατο behauptet (Römerbr.), ist nicht zu-zugeben. Es geht nicht wohl an, Paulus, dem „δοῦλος Χριστοῦ", zuzumuten, sich irgendwo und zumal in der Predigt des Evangeliums mit der alttestamentlichen Auffassung des υἱὸς τοῦ θεοῦ zu begnügen, wenn dieselbe als ein Minus der neu-testamentlichen d. h. seiner eigenen Überzeugung und Erfahrung gegenüber gedacht werden soll, und den Ausdruck in diesem beschränkten Sinne zu gebrauchen. So werden die beiden Seiten des Wesens Christi unterschieden, die eine, die irdisch sinnenfällige, die σάρξ, und nach ihr der Davidide, die andere, die innerlich göttliche, das πνεῦμα ἁγιωσύνης, das nur der göttliche sein kann, und nach ihm der Sohn Gottes. Weiter führt die Stelle nicht, aber sachlich konstatiert sie damit genau das als Wesen Jesu, was die synoptische Überlieferung von dem ἐκ Μαρίας καὶ ἐκ πνεύματος ἁγίου als solches fixieren will (Matth. 1, 18 u. 20).

Auch die viel angezogene Stelle Gal. 4, 4: „Als die Er-füllung der Zeit kam, sandte Gott seinen Sohn — ἐξαπέστειλεν — γενόμενον ἐκ γυναικός, γενόμενον ὑπὸ νόμον — schließt die synoptische Überlieferung von der übernatürlichen Herkunft nicht notwendig aus, denn weder das Geborenwerden von einem Weibe noch das Geborenwerden unter das Gesetz wird durch diese ver-neint. Andrerseits lag es nahe, die menschliche Natur Jesu und seine Verpflichtung dem Gesetz gegenüber hervorzuheben, da er nur eben so, mit denen in gleicher Lage, die er frei machen sollte von innen aus, für sie ein wirksames Vorbild werden und sie so innerlich erneuern konnte. Gleichwohl ist die Stelle weder für noch wider in der vorliegenden Kontroverse zu verwerten. Wie sie lautet, bietet sie keine Handhabe nach der einen oder andern Seite. Aber wie das ἐξαπέστειλεν nun doch ganz deut-lich über den allgemein menschlichen Lebensanfang hinausweist, weil es von einem Menschen nicht besonders hervorgehoben werden könnte, daß er gesendet werde, geboren von einem Weibe: so auch das πέμψας ἐν ὁμοιώματι σαρκὸς ἁμαρτίας (Röm. 8, 3). Es widerspricht dem Kontext, dabei lediglich an das geschichtliche Auftreten Jesu zu denken gleich allen Menschen. Denn 1. ein Mensch wird nicht ἐν ὁμοιώματι[1]) τῆς σαρκός, sondern ἐν σαρκί gesandt. 2. Von einem Menschen versteht es sich ganz von selbst und bedarf keiner Erwähnung, daß er ἐν σαρκί gesendet sei. 3. Am allerwenigsten könnte diese Thatsache als etwas Außerordentliches — τὸ γὰρ ἀδύνατον τοῦ νόμου — verstanden werden und auf die Mitwelt einen Eindruck machen, der dem Gesetz nicht möglich geworden war. Der Participialsatz πέμψας hat nur Sinn, wenn ὁ ἑαυτοῦ υἱός vor dieser Sendung ein ihm eigentümliches von dem Sein im Fleische verschiedenes Sein hatte. Das erkennt B. Weiß rund an.[2]) Damit ist aber zugleich sowohl die Präexistenz als auch der Gedanke der Menschwerdung als paulinische Lehre erwiesen. Die Sendung geschah in die Ähnlichkeit des Fleisches und Sünden halber. Wie wurde nun das, was dem Gesetz nicht gelungen war, möglich durch diese Gottesthat? Dadurch, daß der Gottgesandte durch diese Liebe die Herzen überwältigte und innerlich erneuerte. Aber eben so überwältigte, daß er der Sünde auf ihrem eigensten Gebiete, der σάρξ, widerstand und so den Sieg davontrug; und wiederum dadurch, daß es Gottes eigener Sohn war (8, 3), der so siegte; daß Gott seines eigenen Sohnes — τοῦ ἰδίου υἱοῦ — nicht verschonte — οὐκ ἐφείσατο —, sondern ihn dazu für uns alle dahingab — ὑπὲρ ἡμῶν πάντων παρέδωκεν — und damit den höchsten Akt selbstverleugnender Liebe für uns vollzog (8, 32). Ich meine, daß damit das einzigartig unvergleichliche Verhältnis Jesu zu Gott so deutlich zum Ausdruck kommt, wie nur möglich. Bestimmter ist es gar nicht zu denken. Das zugegeben, was eigentlich nicht bestritten wird, hat aber die Frage, ob metaphysisch oder nicht metaphysisch, kaum noch ein Recht. Ist das Verhältnis schlechthin ohne alle Analogie in der ganzen übrigen Welt, so vermeidet man eine Formel, wenn man das Prädikat „metaphysisch" für das Verhältnis abwehrt, aber die Sache bleibt. Verwahrt man sich mit Rekurs auf die alttestamentliche Fassung des Sohnesbegriffes gegen den Ausdruck eines Wesensverhält-

---

[1]) Vgl. indes Cremer, S. 708.

[2]) Auch O. Pfleiderer, „Paulinismus", S. 136.

nisses: so supponiert man dem Apostel in der Fülle der Zeiten und in der Zeit der Erfüllung einen Begriff, der noch der vorbereitenden Stufe angehörte. Nach meinem Urteil würde die Analogie des theokratischen Königs die nachdrucksvollen Bezeichnungen: τὸν ἑαυτοῦ υἱόν — τοῦ ἰδίου υἱοῦ οὐκ ἐφείσατο — noch nicht motivieren und noch nicht berechtigen. Wenn aber auch die Gläubigen Gottessöhne genannt werden, so geschieht das eben auf Grund ihres Glaubens — d. h. der innerlichen Lebensgemeinschaft mit ihrem Herrn; und überdem bleibt immer der unverkennbare Unterschied, daß keiner von ihnen, sondern Jesus allein ὁ ἑαυτοῦ υἱός, ὁ ἴδιος υἱός genannt wird. Daß endlich Röm. 1, 4 weder das ἐν δυνάμει noch der Kontext die Annahme einer metaphysischen Wesensähnlichkeit mit Gott ausschließt, wage ich gleichfalls zu behaupten.[1] Hinsichtlich des Kontextes darf ich an die gegebene Besprechung der Stelle erinnern. Ἐν δυνάμει, mit Machtherrlichkeit, kann sich entweder auf ὁρισθέντος und damit auf den ganzen Satz beziehen. Dann bezeichnet es die Konstatierung υἱοῦ θεοῦ als eine machtherrliche auf Grund der Auferstehung. Das Wesen des υἱὸς θεοῦ wird dadurch nicht angetastet oder in Frage gestellt, sondern eben nur konstatiert. Oder es gehört das ἐν δυνάμει zu κατὰ πνεῦμα ἁγιωσύνης. Υἱοῦ θεοῦ ἐν δυνάμει κατὰ πνεῦμα ἁγιωσύνης ist dann ein Begriff, zu dem Luk. 1, 35: „πνεῦμα ἅγιον ἐπελεύσεται ἐπὶ σέ, καὶ δύναμις ὑψίστου ἐπισκιάσει" die Parallele bildet. Als solcher wird Jesus auf Grund der Auferstehung konstatiert; als solcher, der er seinem Wesen nach und von Anfang ist: „Sohn Gottes in Kraft nach dem heiligen Geiste."

c) Die Präexistenz Jesu.

Die neuerdings von Alb. Ritschl[2] verneinte Frage, ob der paulinische Christus präexistent gedacht werde, ist nach dem gegebenen Verständnis der bereits verhandelten Stellen schon auf Grund dieser zu bejahen. Freilich ist weder dem biblischen Sprachgebrauch noch unserem innerhalb der christlichen Weltanschauung von heute der Ausdruck „In die Welt senden" im einfachen Sinne von „Geborenwerdenlassen" fremd und abzu-

---

[1] Vgl. dagegen B. Weiß, S. 291. 292.
[2] Die christliche Lehre von der Rechtfertigung und Versöhnung III², S. 372 ff. 3. Aufl., S. 379.

sprechen, aber die Verbindung der Wendung in Gal. 4, 4 „γενόμενον 2c." und Röm. 8, 3 „ἐν ὁμοιώματι 2c." schließt ihre Deutung im alltäglichen Sinne, wie sie von jedem Menschen ge= braucht werden könnte, aus, wie wir sahen. Beschränken wir uns hier auf die vier großen Lehrbriefe — innerhalb der Gefangenschaftsbriefe ist die Präexistenz so deutlich, daß dieser Umstand mit zu den Bedenken gehört, die man gegen ihre Echt= heit erhebt —: so kommen als weitere Beläge 1. Kor. 15, 47: „ὁ δεύτερος ἄνθρωπος ἐξ οὐρανοῦ" im Gegensatz zu „ὁ πρῶτος ἄνθρωπος ἐξ γῆς χοϊκός," 1. Kor. 8, 6: „δι' οὗ τὰ πάντα" und 2. Kor. 8, 9: δι' ὑμᾶς ἐπτώχευσε πλούσιος ὤν, sowie 1. Kor. 10, 4: ἡ δὲ πέτρα ἦν ὁ Χριστός, wenn der Fels nach 10, 9 unzweifelhaft auf die Situation in der Wüstenwanderung gedeutet werden darf. Es heißt: Unsere Väter sind alle unter der Wolke — Wolkensäule, 2. Mof. 13, 21, Symbol und Medium der göttlichen Gegenwart für Israel — gewesen (2. Kor. 10, 2), und alle haben sie dieselbe geistliche Speise ge= gessen d. h. die ihnen geistlicherseits zuteil gewordene, das Manna (2. Mof. 16, 13; 2. Kor. 10, 3), und alle tranken sie denselben geistlichen Trank, wieder den geistlicherseits verursachten (2. Mof. 17, 6; 2. Kor. 10, 4). Denn sie tranken aus einem sie be= gleitenden geistlichen Felsen, „der Fels aber war Christus" (1. Kor. 10, 4). Wie ist das zu verstehen? Das Wasser, der Trank, sollte aus einem Felsen herauslaufen, 2. Mof. 17, 6: „Siehe, ich will daselbst stehen vor dir auf einem Fels in Horeb; da sollst du den Felsen schlagen, so wird Wasser herauslaufen, daß das Volk trinke." Mose that also vor den Ältesten in Israel." Wenn der Fels nun geistlicher Fels heißt, so ist nicht mehr von einem Felsen im eigentlichen Sinne, sondern nur von ihm als dem wunderbaren Spender des Trankes die Rede. War es überhaupt aber nicht eigentlich der Fels, das Gestein, welches das Wasser gab und zu geben vermochte: sondern vielmehr ein Fels in Horeb, auf dem der Herr (Jahwe) stehen wollte und dieser den augenscheinlich erst zur Wasserspende befähigte: so wird der Fels das Medium der Offenbarung Jahwes an das Volk, und der geistliche Fels das geistliche Medium der Gottesoffen= barung d. h. Christus. So verstanden war der Fels Christus. Er war's — ἦν. Die Zeit ist vorüber. Es handelt sich um sie und die Situation in ihr, nicht um die, in der es Christus jetzt,

der Vermittler der Gottesoffenbarung, ist. Dann kann es aber
nur der präexistente Christus sein, und eben dies ist der Sinn,
der allein dem Wortlaut gerecht wird.[1])

Eben als dieses Medium der Gottesthätigkeit und -offen-
barung durchweg nimmt ihn 1. Kor. 8, 6 in Anspruch: εἷς θεὸς
ὁ πατήρ, ἐξ οὗ τὰ πάντα καὶ ἡμεῖς εἰς αὐτόν, καὶ εἷς Ἰησοῦς
Χριστός, δι᾽ οὗ τὰ πάντα καὶ ἡμεῖς δι᾽ αὐτοῦ. Wenn er
aber diese Rolle bei allem — τὰ πάντα — gehabt hat, so muß
er allem — τὰ πάντα, nicht nur uns — ἡμεῖς — als Gesamt-
heit der Gläubigen, präexistiert haben. Und wenn er um unsert-
willen arm wurde, er, der vorher reich war (2. Kor. 8, 9): so
muß es ein Stadium der Existenz gegeben haben, bevor er Mensch
wurde, und er also präexistent gewesen sein.

Und wenn er überhaupt nicht irdener Herkunft ist, wie
Adam und alle seine Nachkommen, sondern ἐξ οὐρανοῦ (1. Kor.
15, 47): so muß er auch als solcher schon vor seiner irdischen
Laufbahn eine himmlische Vergangenheit gehabt d. h. er muß
präexistiert haben. Mit dieser Herkunft ἐξ οὐρανοῦ ist, bekennt
auch H. Holtzmann II, S. 85, sachlich dasselbe ausgesagt, wie
damit, daß er vor seinem geschichtlichen Auftreten „in göttlicher
Gestalt" (Phil. 2, 6) war. Ebenso erscheint es Beyschlag II,
S. 77. 2. Aufl., S. 89, unverkennbar, „daß die Worte ἐξ
οὐρανοῦ auf eine himmlische Abkunft, also auf Präexistenz gehen."

Wie Paulus auf seine Präexistenz-Aussagen gekommen ist,
ist eine mehrfach aufgeworfene Frage. Denkt man daran, daß
sein Gläubigwerden überhaupt von der Offenbarung des erhöhten
Christus ausgegangen ist, so ließe sich mit Rücksicht darauf sagen,
daß er „erst von der Anschauung des erhöhten Christus und

---

[1]) B. Weiß dagegen bestreitet, daß Paulus diesen Fels typisch auf
Christus deute; „denn in diesem Falle müßte es ἐστίν heißen." B. Weiß
will auch nicht auf die apokryphische Weisheitslehre rekurrieren. Es war
nämlich eine rabbinische Sage, jener Fels bewegte sich mit den Israeliten
fort. Auch der Thargum (Jes. 16, 1) und das Buch der Weisheit (10, 15)
lassen den Messias, die Weisheit, dem Volke schützend zur Seite sein. Ob
Paulus dies im Gedächtnis gehabt hat, ist nicht zu entscheiden. Nur das ist
evident, daß er selbst eine sehr viel geistigere Deutung giebt. Nach B. Weiß
war es bei Petrus noch der präexistente Messiasgeist, der in den Propheten
wirkte, hier dagegen der präexistente Gottessohn selbst, der, wie er die Welt-
schöpfung vermittelt hatte, die Offenbarung Gottes an Israel vermittelte.
Das sei der Fortschritt der paulinischen Christologie.

seiner heilsmittlerischen Bedeutung zu den Aussagen über sein
vorirdisches Sein und seine mittlerische Stellung in demselben
vorgeschritten ist" (B. Weiß, S. 301). Ich unterschreibe diesen
Satz aber nur in dem ganz begrenzten Sinne, daß sein Ver=
ständnis davon wie von Christus überhaupt mit seinem ἑωρακέναι
des Erhöhten historisch anhebt. Daß er von da aus etwa auf
dem Wege des Rückschlusses dazu gekommen sei, sehe ich als eine
unbewiesene und unbeweisbare Vermutung an. C. Holsten, „Die
drei ursprünglichen, noch ungeschriebenen Evangelien," 1883, S. 18:
„Vor dem Tode des Messias kannte auch Paulus nur den Messias
nach dem Fleisch." „Die Auferweckung des Kreuzestoten ist für
ihn der Aufgang einer neuen, der wahren Messiasanschauung."
S. 19: „So vollzog sich . . . durch den denkenden Geist im
Paulus eine schlechthinige Umformung des religiösen Bewußt=
seins des jüdischen Volkes in seinem innersten Mittelpunkte."
O. Pfleiderer, „Paulinismus". Ein Beitrag zur Geschichte der ur=
christlichen Theologie, 1873, hielt die „Präexistenzvorstellung" für
„das in die Vergangenheit geworfene Spiegelbild von dem An=
schauungsbild, unter welchem die Phantasie des Paulus und der
ganzen Gemeinde den erhöhten und verklärten Christus gegenwärtig
im Himmel lebend dachte" (S. 141). In der zweiten Auflage da=
gegen sieht er die Präexistenz=Aussagen des Apostels auf jüdischem
Boden gewachsen an.[1] Indessen auch dieser, daraufhin geprüft,[2]
erweist sich als ungeeignet dazu. Ich sehe die Sache aber über=
haupt nicht so an, als ob das Christusbild aus einzelnen Strichen
nach und nach entstanden wäre. Auch Paulus selbst sieht es
nicht so an. Der, den es Gott gefallen hat, in ihm zu offen=
baren (Gal. 1, 15. 16), ist der Jesus Christus, den er sich be=
wußt ist zu predigen und keinen sonst; den allein zu predigen
er für seinen Beruf ansieht.

Auch darüber, wie Paulus sich den Akt der Menschwerdung
oder das Übergehen aus dem präexistenten Stadium in das
geschichtliche gedacht habe, hat man Vermutungen aufgestellt.
Holsten verteilt die Namen Jesus Christus auf die beiden
Stadien, Christus auf das präexistente, Jesus auf das geschicht=

---

[1] Vgl. auch Ab. Harnack, Lehrbuch der Dogmengeschichte[2] I, § 6,
S. 86 ff. 3. Aufl., S. 95 ff.

[2] Vgl. mein Buch: „Der alte Glaube und die Wahrheit des Christen=
tums," 1891: „5. Der jüdische Einfluß", S. 128—198, besonders S. 169 ff.

liche. „Nun war „Jesus" im Bewußtsein des Paulus der Aus=
druck für die irdisch=wirkliche Erscheinung des gekommenen
Messias" (S. 36), die Erdenerscheinung des Himmelsmenschen
Christus, „der in dem Weibessohne zum Christus Jesus geworden
ist" (S. 37). Der Begriff der Menschwerdung hat bei dieser
Annahme keinen Sinn. Mensch war Christus immer, nur nicht
irdischer. Und auch diese Unterscheidung ist nur ein Vorgang im
Bewußtsein des Paulus.

Thatsache ist, daß Paulus für den betreffenden Vor= bezw.
Übergang den Ausdruck: „ἐξαπέστειλεν ὁ θεὸς τὸν υἱὸν αὐτοῦ"
(Gal. 4, 4), „ὁ θεὸς τὸν ἑαυτοῦ υἱὸν πέμψας" (Röm. 8, 3)
gebraucht und darüber hinaus keinen Anhalt zu weiteren Ver=
mutungen über das Wie giebt.

Die Gemeinschaft mit Gott in Christus.

Die Lebensgemeinschaft mit Gott in Christus eröffnet
der Glaube, vollzieht die Taufe, erhält das Herrnmahl, und
sie äußert sich in einem neuen Leben.

1. Die Taufe der Gläubigen.

Die Aufnahme in die Lebensgemeinschaft mit Gott in
Christus vollzieht die Taufe. Christ wird man vor aller Welt,
gleichsam verantwortlich und rechtsverbindlich, durch die Taufe.
1. Kor. 1, 13—16: „Seid ihr auf den Namen Pauli getauft?"
Die ironisch=paränetische Frage hat zu ihrer Voraussetzung, daß
alle korinthischen Christen auf den Namen Christi getauft sind
oder des Herrn Jesu, wie Apg. 8, 16, oder εἰς Χριστὸν
Ἰησοῦν (Röm. 6, 3). Schon dieser Umstand weist darauf
hin, daß nur Gläubige an unsern Herrn Jesus Christus ge=
tauft wurden und werden konnten. Der Christusglaube ging
der Taufe immer voran. Insofern war die Taufe recht
eigentlich der Akt, in dem man sich zu ihm bekannte seitens
des Täuflings, und in dem der Täufer das Zutrauen be=
kundete, daß dieses Bekenntnis ein ehrliches sei und als ein
verläßliches sich beweisen werde. Beides Momente, welche noch
vor der eigentlichen Handlung lagen, im Begehr und in der Ge=

währ derselben. Wer sich taufen läßt, bekennt aber damit selbst nicht nur seinen Glauben an den Herrn, sondern daß er ihm an= gehören will (1. Kor. 1, 12; 3, 23); daß er hinfort nicht mehr sich selbst, sondern dem leben will, der für ihn gestorben und auf= erstanden ist (Röm. 6, 4. 8. 13). Das kommt symbolisch zum Ausdruck in dem Hinabsteigen ins Wasser und Untertauchen unter den Wasserspiegel. Das ganze eigene Selbst verschwindet unter den über ihm zusammenschlagenden und sich wieder schließenden Wellen. Das Wassergrab ist fertig. Es hat das Selbst auf= genommen und sich über ihm geschlossen. Das will sagen: Das Selbst ist tot und begraben, ganz tot. Das Sichleben ist der Begriff der selbstischen widergöttlichen Gesinnung. Damit soll es also ganz aus sein. Es soll der Sünde principiell damit ab= gestorben sein (Röm. 6, 2). „Oder wisset ihr nicht, daß, so viele getauft wurden auf Christus Jesus, die wurden auf seinen Tod getauft?" „So sind wir nun mit ihm durch die Taufe begraben in den Tod" (2. Kor. 5, 15). Das ist der erste Akt der eigent= lichen Handlung: ein unmißverständlicher Beweis für den durch= aus und eminent ethischen Charakter des paulinischen Christus= glaubens. Er kommt nicht und nirgends zuwege, ohne daß mit dem ganzen bisherigen Sündensinn und Sündendienst principiell und ganz entschieden gebrochen wird. Mit dem alten Adam muß es ganz aus sein. Alles Liebäugeln und Paktieren mit ihm ist ausgeschlossen. Das ist das Sterben mit Christus, das keinem erlassen werden kann, der mit ihm auferstehen soll. Und auch das bringt die Taufhandlung zum sinnbildlichen Ausdruck. Es teilen sich die Wogen, es öffnet sich das Wassergrab, und heraus kommt ein neuer Mensch, nicht mehr der alte, der Sünde zugewendete, sondern innerlich entgegengesetzt der Gnade Gottes in Christus zugewendete, principiell „ἐν καινότητι ζωῆς περιπατήσων" (Röm. 6, 4). In diesem geistlichen, ethischen Sinne sind die Gläubigen σύμφυτοι geworden, homogen mit dem Bilde seines Todes, und in diesem vorallererst und zuallerletzt sollen wir es auch mit der Auferstehung werden (Röm. 6, 5). Die Tauf= handlung, die eben diesen Umschwung, dieses grundsätzliche Sterben und Auferstehen im geistlichen Sinne nicht nur sinnbild= lich darstellt, sondern den Recipienten darauf verpflichtet, während dieser damit, daß er sich dieser Handlung unterzieht, eben diese Verpflichtung übernimmt, vollzieht eben damit diese Gemeinschaft

mit Gott in Christus im geistlich=ethischen Sinne als Initiations=
akt. Das heißt Christ werden nach paulinischer Lehre, und das
heißt sich taufen lassen auf den Namen des Herrn Jesus nach
seinem Verständnis.

Ist es aber an dem, so ist es ganz naturgemäß, daß es nun
nicht mehr die Willensrichtung, der Sinn, der Geist, der dem
eigenen Selbst dient, darauf bedacht, die widergöttlichen Inter=
essen zu verfolgen, sondern der heilige Geist ist, der von Gott
ist und nicht von uns selbst, der unmittelbar mit der im
Geist und in der Wahrheit empfangenen Taufe empfangen wird.
Es ist der, von dem Paulus Röm. 6, 19 sagt: „Wisset ihr nicht,
daß euer Leib der Tempel des heiligen Geistes ist, welcher in
euch wohnt — τοῦ ἐν ὑμῖν ἁγίου πνεύματός ἐστιν, οὗ ἔχετε
ἀπὸ θεοῦ καὶ οὐκ ἐστὲ ἑαυτῶν. — Er wird empfangen —
eben das ist der bezeichnende Ausdruck „ἐλάβετε" (Gal. 3, 2) —
nicht als eine besondere Mitteilung, auch nicht als eine Begleit=
erscheinung der Taufe, auch nicht so, daß diese als „eine Ge=
legenheitsursache des vorzüglichen Innewerdens desselben" (Bey=
schlag) figuriert, sondern sich taufen lassen, heißt grundsätzlich den
Sündensinn begraben und wieder herauskommen mit einem Gottes
Gnade in Christus zugewendeten Sinn, d. h. selbst: mit einem
neuen Geiste auferstehen. So getauft werden ist eben in diesem
einen Christusgeiste, dem heiligen, den von Gott und nicht von
uns selbst, ἐν ἑνὶ πνεύματι getauft werden (1. Kor. 12, 13), mit
dem einen Geist — ἓν πνεῦμα ἐποτίσθημεν (1. Kor. 12, 13) —
getränkt werden. Das ist der Geist, den wir von da an,
als im Geist und in der Wahrheit Getaufte, eben damit haben:
ἔχετε (Röm. 6, 19); der Christusgeist, der überall die Herzen
erfüllt, die sich ihm öffnen.

Wer Herzenskündiger genug wäre, um festzustellen, daß eine
christliche Taufe ohne ihn verlaufen wäre: der hätte darin Grund
zu der Diagnose, daß die Taufe nur das Symbol, aber nicht die
sinnbildlich dargestellte innere Umwandlung gewesen sei. Der
heilige Geist ist der Christusgeist in den Gläubigen. Vgl. Röm.
6, 19, wo die Christen ganz allgemein daraufhin apostrophiert
werden: „Wisset ihr nicht, daß . . . der Geist Gottes in euch
wohnt?" Es ist der Geist Gottes in Christus, der das eigent=
liche Merkmal, das Element der Christusgläubigen und ihr
treibender Faktor ist: „ὅσοι πνεύματι θεοῦ ἄγονται, οὗτοι υἱοί

εἰσιν θεοῦ" (Röm. 8, 14). Nur so wenig wie die entgegen=
gesetzte, wie H. Holtzmann II, S. 164, meint, eine „gewaltsame
Strömung"; sondern fortgehend ethisch und damit freiheitlich auf
seiten des Menschen bedingt. Dem Getriebenwerden muß immer
ein Sichtreibenlassen entsprechen, um perfekt zu werden. Das
erlebt der Christ immer wieder an sich selbst, und nur so behält
auch sein Christsein den ihm zu seiner Wahrheit unerläßlichen
ethischen Charakter.

Danach verliert die Frage nicht nur an Schärfe, sondern
sogar an Interesse, ob der Empfang des heiligen Geistes an den
Glauben (Gal. 3, 14) oder an die Taufe gebunden sei. Eine
Taufe ohne vorhergehenden, wie damals, und ohne nachfolgenden
Glauben, wie heute, würde ihn sicherlich nicht mit sich führen.
An sie wäre der Empfang nicht gebunden. Aber es wäre auch
keine Taufe im Geist und in der Wahrheit, keine Taufe im
paulinischen Sinne, sondern eine Ceremonie, die allein keine Ver=
heißung und keinen Wert hat.

Brächten es aber eigentümliche Verhältnisse mit sich, daß ein
lebendiger Glaube ein Herz erfüllte, dem es doch an der äußeren
Möglichkeit fehlte, getauft zu werden, so würde dieser Umstand
es gewißlich nicht hindern, die Verheißung des Geistes zu
empfangen „διὰ τῆς πίστεως". Denn das Verhältnis ist ja
auch hier wieder nicht so, als ob ein Nebeneinander von Glauben
und Geistempfangen statt hätte; sondern glauben heißt vielmehr
recht eigentlich die Gnade ergreifen, innerlich sich aneignen, und
dazu ist ja doch ein Sichöffnen dem Geiste Gottes in Christus un=
erläßlich. Wo aber in aller Welt sich ein Herz ihm öffnet, das
empfängt ihn, das hat ihn. Das ist Gottes eigenste Ordnung,
die sich nun durchaus gesetzmäßig vollzieht.

Daß der Geist „nach göttlicher Ordnung in der Taufe, in
welcher man diesen Glauben bekennt," — ich möchte lieber sagen,
von Herzen hat —, „mitgeteilt wird" (B. Weiß, S. 330), wenn
nur bei der Mitteilung nicht an einen besondern Akt gedacht
wird, der zur Taufe hinzukäme und nicht vielmehr diese selber
wäre, unterschreibe ich auch. Aber wer nun daraus schließen
wollte, ohne Taufe wäre der heilige Geist nicht zu haben, dem
vermöchte ich nun doch nicht beizupflichten. Gal. 3, 14 beschränkt
sich auf „διὰ τῆς πίστεως." Möchte aber jemand dann daraus
die Entbehrlichkeit der Taufe folgern, so würde ich ihm ganz und

gar nicht affiftieren. Wer die Taufe verfäumte, obwohl er fie haben könnte, der würde großes Mißtrauen dagegen erwecken, daß fein etwa behaupteter Glaube derjenige ift, der den Chriftus= geift unmittelbar zur Folge hat oder bereits einfchließt. Denn die Taufe, wie fie den Glauben vorausfetzt, wird doch auch von ihm provociert. Zumal wo fie chriftlich=kirchliche Sitte ift, noch dazu, wo fie von der apoftolifchen Zeit auf uns gekommen ift, aber vor allem, weil der Gläubige das Bedürfnis haben wird, feinen Glauben rechtsverbindlich zu bekennen und fich mit feinen Glaubensgenoffen zufammen zu fchließen auf demfelben Grunde und in derfelben Verpflichtung „ἐν ἑνὶ πνεύματι“. In diefem Sinne läßt fich mit H. Holtzmann, S. 181, von einer focialen Bedeutung der Taufe, aber eben auf chriftlichem Grunde, reden. In ihr kommt das Verlangen zum Ausdruck nach einer Gemeinfchaft, wie mit dem gemeinfamen Herrn, fo auch mit denen, die an ihn glauben. Gemeindeglied wird man erft und nur durch die Taufe. Eine Herzensgemeinfchaft mit dem Herrn wird in der Regel der Erwachfenen=Taufe fchon voraus= gehen und eben normalerweife zu ihr führen. Die Taufe begründet die Kirche. Sie ift alfo allerdings wefentlich focialer Natur. Das geiftliche Leben des Einzelnen fetzt fie fchon voraus. Die Pointe ift, daß ein ungläubiges Herz, felbft wenn fein Inhaber getauft wäre, dem heiligen Geift naturgemäß ver= fchloffen ift und ihn nicht empfängt und nicht haben kann; daß es alfo auch dabei nicht magifch, fondern auf dem Wege der inneren Hinwendung, der fittlichen Vermittlung, vor fich geht. „Oder wiffet ihr nicht," erinnert Paulus die korinthifchen Chriften, „daß Ungerechte Gottes Reich nicht ererben follen?" „Täufchet euch nicht, weder Unzüchtige noch Bilderbiener 2c. werden Gottes Reich ererben." „Nun, dergleichen war einft einer und der andere von euch; aber ihr ließet euch abwafchen, ihr wurdet geheiligt, ihr wurdet gerechtfertigt in dem Namen des Herrn Jefus und in dem Geift unferes Gottes: „ἀλλὰ ἀπελού- σασθε, ἀλλὰ ἡγιάσθητε, ἀλλὰ ἐδικαιώθητε ἐν τῷ ὀνόματι τοῦ κυρίου Ἰησοῦ Χριστοῦ καὶ ἐν τῷ πνεύματι τοῦ θεοῦ ἡμῶν" (1. Kor. 6, 11).

Ich verftehe die drei Aorifte auch fo, daß die Taufe mit der Heiligung und der Rechtfertigung in einem Moment zufammen= fallend gedacht fei; daß fie auf denfelben Zeitpunkt zurückwiefen, der

in seiner entscheidenden Bedeutung sich dem Gedächtnis der Korinther
so tief eingeprägt haben müsse, daß es nur einer Erinnerung an
ihn bedürfe, um ihnen ihre Christenpflicht lebendig zum Bewußt=
sein zu bringen (H. Holtzmann, S. 180), nämlich an den Zeit=
punkt ihrer Taufe. Vielleicht liegt sogar der Schwerpunkt der
Paränese darauf, daß eben in und mit ihrer Taufe ihr Gnaden=
stand nach seiner dreifachen Seite als Bruch mit der Sünde
ἀπελούσασθε, als innere grundsätzliche Hinkehr zu dem Gottes=
willen, als Gerechtwerden von Gott und vor Gott zustande ge=
kommen war („ingressiver Aorist" [1]) — Blaß, S. 188). Aber not=
wendig ist diese zeitliche Koincidenz nicht. Die innerliche Abkehr von
der Sünde und die Hinkehr zu dem Guten, d. h. dem, was dem
göttlichen Willen entspricht, wird in der Regel der Taufe und
immer der Rechtfertigung vorausgehen. Nur ein der Sünde ab=
gewendetes und dem heiligen Gott zugewendetes Herz wird nach
der Taufe begehren und kann von Gott gerechtfertigt werden.
Wiederum kann im Moment der Taufe die Koincidenz gegeben
sein, und sie wird immer wenigstens in ihm im Vordergrunde des
Bewußtseins stehen, wenngleich nicht die zeitliche Koincidenz,
sondern das ἐν ὀνόματι τοῦ κυρίου Ἰησοῦ Χριστοῦ καὶ ἐν τῷ
πνεύματι τοῦ θεοῦ ἡμῶν das einende Band ist: Die Lebens=
gemeinschaft der Gläubigen mit dem Herrn Jesus Christus und
seinem Geiste, der der Gottes ist. Aber es ist möglich, daß es eben
nur ein Moment war oder doch nur das Zustandekommen eines Zu=
standes; er hat keinen Fortgang, keine Folge gehabt. Der Fall liegt
in Korinth vor. Die Taufe ist ein historisches Faktum, das sich
nicht leugnen läßt. Aber weiter ist nichts geblieben als dieses
Datum und die Erinnerung daran. Vgl. 1. Kor. 3, 1, wo die
Korinther σάρκινοι καὶ νήπιοι genannt und 1. Kor. 3, 3 be=
zichtigt werden, κατὰ ἄνθρωπον περιπατεῖν, sowie 1. Kor. 10, 12
vor dem πεσεῖν gewarnt werden. Und in 1. Kor. 15, 29 scheint
ein Fall vorzuliegen, wo die Taufe allerdings in sachfremder
Weise und Absicht vollzogen wird: „Denn was werden die thun,
die sich taufen lassen für die Toten? Wenn überhaupt Tote
nicht auferweckt werden, warum lassen sie sich noch taufen für
sie? „τί ποιήσουσιν οἱ βαπτιζόμενοι ὑπὲρ τῶν νεκρῶν; τί καὶ

---

[1] „Der die Vollendung bezeichnende Aorist kann auch das Zustande=
kommen des Zustandes ausdrücken, was man „ingressiven Aorist" nennt."

βαπτίζονται ὑπὲρ αὐτῶν." Was kann das heißen: sich taufen lassen für die Toten oder wegen der Toten? Entweder daß sich Lebende taufen lassen anstatt der Toten, so daß es ist, als ob diese nachträglich getauft worden wären, — so Holtzmann I, S. 380: „ein nachträglicher baptismus vicarius"[1]) — oder daß Lebende es thun um ihretwillen in dem Sinne, der Verstorbenen Willen damit nachträglich zu erfüllen? In beiden Fällen wäre es ein Sichtaufenlassen zu Gunsten der Toten — τῶν κεκοιμημένων 1. Kor. 15, 20 — entweder zu ihrem eigenen Seelenheil oder zu ihrer Beruhigung um des Seelenheils der Lebenden willen. Andere Fälle schließt der Sprachgebrauch von ὑπὲρ aus. Es kann heißen „für" und „wegen", auch „zu", 2. Kor. 12, 8: ὑπὲρ τούτου παρεκάλεσα" „deswegen habe ich ermahnt." Die Vermutung, daß es sich um ein Sichtaufenlassen über den Gräbern handle (Luther), scheitert an dem Umstand, daß ὑπὲρ im Neuen Testament im lokalen Sinne nicht nachweisbar ist, wenn auch in der Bedeutung von „über" im übertragenen Sinne: „reden", „denken", „sich freuen über", und übrigens von einer solchen Sitte jede Kunde fehlt. In den beiden nur als möglich verbleibenden Deutungen wäre es immerhin ein Sichtaufenlassen aus Liebe zu Verstorbenen; während das ausschlaggebende Motiv zur Taufe nur die Liebe zu Christus sein kann. Immerhin könnte der zweite Fall, die Absicht, gewissermaßen auch im Sinne seiner verstorbenen Angehörigen, die als Christen gestorben waren, ohne zu erleben, daß ihre Lieben sich bekehrten, zu handeln, auch zu der Liebe zu Christus hinzukommen und wäre dann ein christlich durchaus unanstößiger Wunsch. Aber dann ließe sich die Taufe doch nicht als eine wegen der Toten nennen. Wenn sie nur oder letztlich wegen der Toten geschah, so war sie ein opus operatum, und wenn sie gar anstatt ihrer oder doch so geschah, daß sie ihnen zum Heil gereichen sollte, so war es der Glaube an ein magisches Wirken des Aktes und damit Aberglaube. Aber selbst dieser Aberglaube hätte freilich den Glauben an die Auferstehung der Toten zur Voraussetzung, und so hätte sich Paulus auf dieses

---

[1]) Vgl. I, S. 181: „Wie sehr der paulinischen Gemeinde die Taufe bereits als eine geheimnisvolle Vermittlung übernatürlicher Vorgänge galt, erhellt deutlichst aus der 1. Kor. 15, 29 bezeugten Sitte, sich zu Gunsten Dritter, ja sogar bereits Verstorbener taufen zu lassen, was seine direkte Analogie in den Riten späterer Mysterien hat."

Thun berufen, ohne es damit im geringsten zu billigen. Daß etwa die Taufe erst die Auferstehung bewirken sollte und sie eben dazu für sie als Mittel vollzogen worden sei, ist eine Deutung des dunklen Ausspruches, zu der er nicht berechtigt. Aber auch bei den als möglich zugegebenen Fällen bleibt immer der Anstoß, daß Paulus sich ohne Widerspruch auf solchen Aberglauben beruft und ihn mit als Beweismittel verwendet. Und auch davon gilt ja, daß von solcher abergläubischen Sitte nichts bekannt ist.

Dagegen eine andere Neigung ist wenigstens später bestimmt nachweisbar, nämlich daß man die Taufe für die Todesstunde vereinzelt verschob, in der Absicht, sich dadurch davor zu bewahren, vorher wieder aus der Taufgnade zu fallen. Man wollte also in der Taufgnade sterben, ins Totenreich kommen. Nun heißt ζωὴ ἐκ νεκρῶν Auferstehung vom Tode zum Leben (Röm. 11, 15), ἐκ νεκρῶν ἐγερθῆναι (Röm. 6, 9), ἐκ νεκρῶν ἀναστῆναι vom Tode auferstehen (Joh. 20, 9). Da wird also (οἱ) νεκροί synonym mit θάνατος gebraucht. Die Gemeinschaft mit den Toten ist der Tod. Wendet man diesen Begriff auf unsere Stelle an, so wird sie eben so verstanden lauten: Denn was werden denn die machen, welche sich taufen lassen für den Tod, zu gunsten ihres Zustandes im Totenreich, wenn Tote überhaupt nicht auferstehen, also auch die nicht, welche sich eben für dieses Leben nach dem Tode die Taufgnade sichern möchten. Ὑπὲρ τῶν νεκρῶν = ὑπὲρ τοῦ θανάτου oder auch für die Zeit ihrer Gemeinschaft mit den Toten. Die Beweiskraft der so gedeuteten Stelle ad hoc liegt auf der Hand. Freilich verwahrt sich der Apostel auch nicht gegen diese ihre Neigung. Aber er bezeichnet sie als eine nur einer gewissen Gruppe, einiger, nicht als eine allgemeine. Und sie war doch immer aus der Sorge um das Seelenheil erwachsen und hatte, wenn eine Gewissensverirrung, doch nichts mit abergläubischem und mechanischem Wesen und Denken zu thun; so daß die Zurückhaltung des Urteils, die der Apostel sich auferlegt, sich ihr gegenüber ungleich leichter versteht, als jeder der andern Deutungen gegenüber, die der Vers im Laufe der Zeiten gefunden hat.

2. Das Herrnmahl.

Nennt Paulus den wunderbaren Durchgang Israels durchs Meer, der es errettete von der feindlichen Macht, die ihm Ver=

derben drohte, ein Getauftwerden (1. Kor. 10, 2), so liegt es
nahe, den unmittelbar folgenden Bericht von der Ernährung des
Volkes durch die geistlicherseits bewirkte Speise (Manna) und den
ebenso gespendeten Trank (das Wasser aus dem Felsen) auf das
heilige Abendmahl zu deuten (1. Kor. 10, 3 u. 4). Ist so die
Taufe der von der Sünde errettende Akt in die Gemeinschaft mit
Gott in Christus, so das Herrnmahl der die so gewonnene er=
haltende.[1]) Dort die durch Mose vermittelte, hier die durch
Christus begründete Gemeinschaft mit Gott, 1. Kor. 10, 2:
„εἰς τὸν Μωϋσῆν ἐβαπτίσθησαν." Nennt weiter Paulus
den wasserspendenden Fels direkt Christus — ἡ πέτρα ἦν
ὁ Χριστός (1. Kor. 10, 4), so ist der typische Sinn jener
Vorgänge im Sinne des Apostels. Allerdings nennt er nur
die Mehrheit des Volkes, welche in diese Gemeinschaft mit
Gott nicht eintrat oder doch nicht in ihr beharrte, sondern nach
Bösem trachtete oder trachtend blieb, ἐπιθυμηταί κακῶν (1. Kor.
10, 6) τύποι, und warnt die korinthischen Christen, nicht gleich
jener, die in der Wüste niedergestreckt wurde — κατεστρώθησαν
(V. 5) —, der Versuchung zu erliegen und verloren zu gehen.
Vgl. V. 11: „ταῦτα τοπικῶς συνέβαινεν ἐκείνοις". — Aber in=
dem er sofort an diesen Hinweis die Rüge von Mißständen an=
schließt, welche sich an das heilige Abendmahl angesetzt haben, so
kann kein Zweifel sein, daß der ganze Bericht über das Israel
der Wüste typisch verstanden sein will.

Die Gefahr liegt vor, daß, gleichwie dort in der Wüste
man zwar das von Gott gespendete (πνευματικόν) Manna aß und
das von Christus (πέτρα) gegebene Wasser trank und doch das
goldene Kalb anbetete und götzendienerische Festmahlzeiten hielt
(Exod. 32, 6), auch in Korinth die κοινωνία mit dem Herrn in
seinem Mahl die mit den bösen Geistern nicht ausschließt. 1. Kor.
10, 16: „Der Kelch des Segens, den wir segnen, ist er nicht die Ge=
meinschaft des Blutes Christi. Das Brot, das wir brechen, ist
es nicht die Gemeinschaft des Leibes Christi? Denn ein Leib ist
es; so sind wir, die vielen, ein Leib. Denn wir alle haben teil
an dem einen Brot. Sehet Israel an, das nach dem Fleisch.
Sind nicht die, welche die Opfer essen, Genossen des Opferaltars?

---

[1]) Holtzmann II, S. 182: „. . . innerlich verwandte Handlungen, durch
welche die religiöse Gemeinschaft begründet und erhalten wird."

Was sage ich also? Daß das Gößenopfer etwas sei, oder daß der Göße etwas sei? Nein! aber daß sie das, was sie opfern, den bösen Geistern opfern und nicht Gott. Ich will nicht, daß ihr Genossen werdet von bösen Geistern. Ihr könnt nicht den Kelch des Herrn trinken und den Kelch böser Geister. Ihr könnt nicht teil haben an dem Tisch des Herrn und an dem Tisch böser Geister" (1. Kor. 10, 16—21).

So gipfelt auch diese Typik in der prononcierten Betonung des ethischen Charakters christlicher Handlungen, in dem warnenden Hinweis, daß die Herrnmahlfeier unvereinbar ist mit gottwidriger Gesinnung, mit dem Dienst böser Geister.

Weiteren Aufschluß über dasselbe giebt 1. Kor. 11, 23 ff., und auch dieser genaue Bericht über die Einseßung steht unter dem Gesichtspunkte, daß man das κυριακὸν δεῖπνον nicht halten könne in einer Gemütsverfassung, wie sie sich in den σχίσματα (V. 18) und in dem Eigennuß — ἕκαστος τὸ ἴδιον δεῖπνον προλαμβάνει ἐν τῷ φαγεῖν (V. 21) — verrate. Lediglich in dem Interesse einer tieferen Auffassung und einer ernsteren Feier giebt der Apostel den Originalbericht mit der feierlichen Erklärung, daß er vom Herrn empfangen habe, was er den korinthischen Christen mitteile (V. 23).

Diesem Interesse dient als Symbol und zur Verhütung die „kultische Isolierung vom eigentlichen Gesellschaftsleben" (H. Holßmann II, S. 185). Dazu verweist der Apostel V. 22 das Essen und Trinken zum Hungerstillen und Durstlöschen in die Privathäuser. Aber nicht in der lokalen Isolierung, sondern darin, daß ein Mensch sich selbst prüfe und also von diesem Brote esse und von diesem Kelche trinke (V. 28); darin, daß er unterscheide den Leib des Herrn von gewöhnlicher Speise und die gemeinschaftliche Feier die Gläubigen mit dem Herrn und in seinem Geiste untereinander verbinde, besteht die apostolische Forderung und auch der Sinn jener Isolierung.

Auch H. Holßmann sieht „in der völligen Ablösung der zum Kultusakte erhobenen Gedächtnisfeier von der vorgefundenen Verbindung mit jener zugleich zur Sättigung dienenden Mahlzeit, an welche sich das Herrnmahl im Gebrauche der ältesten Christenheit angeschlossen hatte," nur „die praktische Konsequenz der paulinischen Theorie" (S. 185). Aber die Erklärung dieser Verbindung

ist in dem Anschluß der Einsetzungsfeier an das Passahmahl hin=
reichend gegeben. Auch der Anschluß des Brotbrechens an die
gemeinsam gehaltenen Mahlzeiten schon in der Urgemeinde ist
einwandfrei. Daß „den heidenchristlichen Korinthern die Liebes=
mahlzeit bald genug zu einem Ersatz der gewohnten Opfer=
mahlzeiten geworden" sei (Holtzmann, S. 184), wird dagegen
nach meinem Urteil nicht durch 1. Kor. 11, 20—34 belegt; und
es bedarf dieses Rekurses schlechterdings nicht. Aber auch
10, 18 ff. ist meines Erachtens durch den Typus der Israeliten
in der Wüste (10, 7) veranlaßt und führt nur diesen durch.

Welches ist nun nach der paulinischen Relation der Sinn
des Herrnmahles? Ein Gedächtnismahl an den Tod des Herrn
für uns, bis er kommt. Ein Gedächtnismahl: 11, 24: „τοῦτο
ποιεῖτε εἰς τὴν ἐμὴν ἀνάμνησιν." B. Weiß, S. 337 hält die
von Paulus referierte Geschichte der Abendmahlseinsetzung für
die ursprünglichste Gestalt der Überlieferung der Urapostel, un=
gleich älter als die Mark. 14, 22—24, nach seiner Meinung eine
Wiedergabe aus zweiter Hand. Schon das nachdrücklich voran=
gestellte ἐγώ schließe die Beziehung auf die allen Christen zu teil
gewordene apostolische Überlieferung aus (S. 338). Die Frage
nach dem Wie des „παρέλαβον ἀπὸ τοῦ κυρίου" (V. 23) be=
antwortet B. Weiß dahin, Paulus habe die Geschichte mittelbar
oder unmittelbar aus der Überlieferung der Urapostel überkommen
(S. 337). Wäre dem so, so sehe ich nicht, wie es verständlich
sein sollte, daß diese Überlieferung der Urapostel nicht in den
Allgemeinbesitz der Christen von damals übergegangen wäre und
davon eine allen Christen zu teil gewordene apostolische Über=
lieferung unterschieden werden könnte. Aber die Würdigung des
„ἐγώ" teile ich allerdings mit B. Weiß, nur daß ich auf die
Frage nach dem „Wie" keine Antwort wage, da sie der Apostel
selbst unterläßt. Indes jene Würdigung hindert mich allerdings,
nun doch mit B. Weiß anzunehmen, es sei dem Paulus „auf den
buchstäblichen Wortlaut nicht angekommen, er habe sowohl das
„τὸ ὑπὲρ ἡμῶν" (V. 24) als auch das „τοῦτο ποιεῖτε" ꝛc.
hinzugefügt. Vielmehr sehe ich mich durch das „ἐγὼ δὲ παρέλαβον
ἀπὸ τοῦ κυρίου" so genötigt wie verpflichtet, in der Relation
die verba ipsissima der Einsetzung zu sehen. Dann folgt aber
weiter, daß Jesus das Mahl von vornherein als eine Stiftung
für die Zeit, bis er komme — ἄχρι οὗ ἔλθῃ — gedacht und

gewollt und — eingesetzt hat: die Stiftung eines Erinnerungs=
mahles an seinen Tod für uns.

Inwiefern ist es nun ein Tod für uns? Insofern als in=
folgedessen uns nun sein Leben mitgeteilt und von uns angeeignet
werden kann. Das kommt durch das Essen des Brotes und das
Trinken des Weines symbolisch zum Ausdruck. Es erschöpft den
Tiefsinn der Handlung nicht, wenn man mit H. Holtzmann,
S. 184, sagt, „das gebrochene Brot und der rote Wein im
Kelch" seien „für Paulus Todessymbole", und indem sich die
Genießenden diese aneignen, seien „die Teilnehmer am Herrn=
mahl die mystischen Todesgenossen des Christus" (II, S. 184).
Das ist vielmehr nur die eine Seite. Die Handlung birgt zwei
Züge, die erst den Sinn enthüllen. Das Brechen des Brotes so=
wohl wie das Vergießen des Blutes sind freilich Todessymbole,
sinnbildliche Vorgänge des gewaltsamen Todes Jesu. Aber das
Essen des Brotes wie das Trinken des Weines sind Lebens=
symbole, sinnbildliche Vorgänge der Aneignung des Erlöserlebens
seitens der Gläubigen. So kommt das ὑπὲρ ἡμῶν zu seinem
Recht. Mors Christi vita mundi. Tod und Auferstehung,
Sterben und Werden in einer symbolischen Handlung. Todes=
genossen, aber nicht mystische, sondern ethische, und Lebensgenossen
Jesu zugleich, auch dies wieder nicht mystisch oder magisch, son=
dern ethisch. So verstanden wird es deutlich, daß man zu diesem
Mahl sich nicht nahen darf und innerlich nahen kann, ohne sich
selbst zu prüfen; sowie daß man es unwürdig — ἀναξίως —
und sich selbst zum Gericht isset und trinkt, wenn man nicht
unterscheidet dieses Brot und diesen Wein, diese Symbole, von
Speise und Trank zur Sättigung (B. 28. 29).

Kommt nun auch dem heiligen Abendmahl gleichwie der
Taufe ein socialer Charakter zu; wird, wie die Taufe, der Er=
rettung aus dem drohenden Untergang durch die Ägypter parallel,
die Gemeinschaft der Christusgläubigen begründet, das heilige
Abendmahl sie unterhalten: so erweist sich doch dieser sociale
Charakter als ein durchaus ethischer. Es ist der ethische Gesichts=
punkt, der für den ganzen Passus von 1. Kor. 10, 1 an mit
seiner Paränese hinsichtlich der Abendmahlsfeier der maßgebende
bleibt. Eben weil man dieselbe zwar hält, aber ohne sich ihr
würdig zu nahen, ohne ihren sittlich erneuernden Einfluß immer
von neuem in der Gemeinschaft wirksam werden zu lassen, „des=

halb sind viele unter euch schwach und krank, und ein gut Teil schlafen" (B. 30); nicht alles das im physischen Sinne, als ob dieser unwürdige Genuß Krankheiten und Tod nach sich ziehe (H. Holtzmann II, S. 185). Es ist auch nicht „die auffallende Erfahrung weitverbreiteter Schwächlichkeit und Kränklichkeit und häufigen Sterbens in der Gemeinde, worauf Paulus sie hinweist als auf ein göttliches Strafgericht wegen der Entweihung des Mahles des Herrn" (Kling, Die Korintherbriefe, S. 177). Wer weiß denn von dieser „auffallenden Erfahrung"? Es steht ja nirgends davon etwas geschrieben. Aber der un= mittelbar folgende B. 31: „Wenn wir uns selbst richteten, so würden wir nicht gerichtet." „Werden wir aber vom Herrn gerichtet, so werden wir erzogen; so geschieht es in dem heilsam pädagogischen Sinne, daß wir nicht mit der Welt verurteilt werden" (B. 32), schließt meines Erachtens die leibliche Deutung von B. 30 direkt aus, denn wenn das die Absicht und die Folge des κρίνεσθαι ist, daß wir erzogen werden (παιδευόμεθα): so hat es einige Schwierigkeiten, unter diesem κρίνεσθαι wenigstens den leiblichen Tod mit zu subsumieren. Am allerwenigsten wäre es verständlich, daß der Apostel seine Leser, die er bessern will, auf ein παιδεύεσθαι erst nach dem Tode verwiese. Dagegen ist der Gedankengang völlig koncinn, wenn er so lautet: Wenn wir uns selbst richten, nämlich in der Selbstprüfung vor dem Herrnmahl, so würden wir nicht gerichtet, nämlich durch die Erschlaffung unseres geistlichen Lebens bis zum Tode desselben. Werden wir aber vom Herrn gerichtet, erleiden wir diesen Fluch des gottabgewendeten Herzens an unserm Dichten und Trachten und unserm Wandel: so will auch diese gott= geordnete, gesetzmäßige Wirkung, daß, wenn unsere Stellung zum Herrn eine nicht mehr innerliche, nicht mehr aufrichtig grund= sätzliche ist, wir je länger, je mehr allen sittlichen Halt verlieren, uns zur Besinnung bringen, uns zur Umkehr reizen, uns erziehen: „παιδευόμεθα". Das ist verständlich, und dem entspricht die Mahnung, die gleichsam den Strich unter das Ganze zieht: „Darum, meine Brüder wartet auf einander," nämlich im Gegen= satz des bisherigen προλαμβάνειν ἐν τῷ φαγεῖν (1. Kor. 11, 21), „wenn ihr zu dem Essen zusammenkommt" (B. 33), nämlich zu dem Herrnmahl. „Hat einer Hunger, so soll er zu Hause essen, damit ihr nicht zum Gericht zusammenkommt" (B. 34).

Nach alledem möchte ich nun nicht mit H. Holtzmann sagen, daß es Paulus sei, „der den charakteristischen Inhalt seines eigenen christlichen Bewußtseins in zwei überkommenen Bräuchen auf emphatische Weise zum gefühlsmäßigen Ausdruck und zugleich zur kultischen Bethätigung gelangen ließ" (S. 186), und er so der kirchlichen Sakramentslehre die Bedeutung eines „fast selbständigen" Baumes „neben den reichen Verzweigungen des Baumes der Dogmatik" gegeben habe. Vielmehr fand er die kultischen Akte bereits vor. Sie gehörten demzufolge auch mit zu dem, worin sich das Christenleben der Korinther sofort nach ihrer Bekehrung erwies. Aber man begnügte sich eben bald mit dem Kultus, es trat schon damals der Prozeß der Veräußerlichung ein, der das Symbol behält und die Sache verliert, von dem die Kirchen=geschichte fortgehend, in beinahe allen Stadien immer von neuem, zu berichten hat. Nun ist es Paulus, der nicht sowohl erst dem Kultus zur selbständigen Bedeutung neben der Dogmatik verhilft, sondern der vielmehr von dem Symbol auf den Sinn und von der äußerlichen Handhabung auf die im Geist und in der Wahr=heit bringt, der nicht sowohl den sakramentalen Charakter ohne sittlich=religiöse Herzensbeteiligung betont und zur Geltung bringt, als vielmehr gerade umgekehrt den Finger mit allem Nachdruck darauf legt, daß der kultische Akt ohne Selbstprüfung und Herzens=umkehr, ohne sittlichen Ernst und innere Beteiligung, nicht nur wertlos, sondern vom Übel ist, daß man ihn so hat und hält sich nicht zum Heile, nicht zum Segen (εὐλογία), sondern zum Ge=richt und zum Fluch: „κατακριθῶμεν" (B. 32).

3. Das neue Leben.

a) Als diesseitiges.

Das neue Leben der Gläubigen ist gar nichts anderes als die Bethätigung der in der Taufe begründeten und in dem Herrnmahl genährten Gemeinschaft mit Gott in Christus. Schon daß es dieser Ernährung und Erhaltung bedarf, beweist, daß es zu einer abschließenden Vollendung in diesem Leben nicht kommt. Ja, wie in beiden Akten das Sterben und Werden in dieser Aufeinanderfolge zum sinnbildlichen Ausdruck kommt, auch im heiligen Abendmahl das Brechen und das Essen, das Vergießen und das Trinken: so bleibt das die Signatur des

Christenlebens durchweg. Stirb und werde! bleibt seine Art. Der Christ wird nie mit dem Sterben und nie mit dem Werden in dieser Welt fertig. Der Gläubige sollte πνευματικός (1. Kor. 2, 15; 3, 1) sein, aber, wie die Erfahrung reichlich und täglich jeden Selbstbeobachter lehrt, ist er immer wieder auf dem Wege oder doch in der Gefahr, ein σαρκικός zu werden. Paulus nennt die Christen Galatiens (6, 1) πνευματικοί, und doch eben als solche ermahnt er sie, auf sich selbst zu sehen, daß sie nicht selbst versucht werden — σκοπῶν σεαυτόν, μὴ καὶ σὺ πειρασϑῆς —, sich nicht selbst zu täuschen (6, 3), nicht eitel und herausfordernd, nicht neidisch untereinander zu sein (5, 26). Ja er nimmt Anlaß und hat Grund, sie daran zu erinnern, daß, wer auf sein Fleisch säet, von seinem Fleische das Verderben ernten werde (6, 8).

Daraus folgt das Doppelte, sowohl, daß das πνευματικόν εἶναι kein deterministischer Zustand ist, als auch, daß die ethischen Grundgedanken des Dekalogs keineswegs für den Christen aufgehört haben, verbindlich zu sein. „Ich sage euch, wandelt im Geist, und ihr werdet die Werke des Fleisches nicht vollbringen. Denn das Fleisch gelüstet wider den Geist und den Geist wider das Fleisch" (Gal. 5, 16). Das πνεύματι περιπατεῖν ist also keineswegs etwas, was sich von selbst vollzieht und von selbst versteht, sondern dazu bedarf's der sittlichen Selbstbestimmung und Energie, der fortgesetzten Abwehr gegen das Gelüsten des Fleisches. Wer die Werke des Fleisches thut, wie solche offenbar sind: πορνεία, ἀκαϑαρσία ꝛc. (V. 19. 20), der wird das Reich Gottes nicht ererben (V. 21). Das Urteil ist ohne Klausel. Worauf er sich also immerhin event. berufen sollte, auf seine Taufe, auf den Empfang des heiligen Geistes, auf sein πνευματικόν εἶναι oder auf den Erlösungstod Jesu oder worauf sonst: es ändert nichts an dem Spruch: „οἱ τὰ τοιαῦτα πράσσοντες βασιλείαν ϑεοῦ οὐ κληρονομήσουσιν."

Wiederum „wenn ihr euch vom Geiste treiben lasset, so seid ihr nicht unter dem Gesetz" (V. 18). Das kann danach nicht heißen: dann könnt ihr das Gesetz nach Belieben ohne Nachteil für euch übertreten; sondern es heißt: dann hat das Gesetz keine Forderung mehr an euch, weil ihr sie ohnehin erfüllt, weil ihr euch vom Geiste dazu bestimmen laßt; solche Früchte des Geistes sind: ἀγάπη, χαρά, εἰρήνη ꝛc. (5, 22).

Das ist also eine Freiheit nicht vom Inhalt des Gesetzes,

sondern von seinem Fluch; nicht eine Freiheit, es ungestraft zu übertreten, sondern die Freiheit, es im Geist und in der Wahrheit zu erfüllen. So Gal. 5, 13: „Ihr seid zur Freiheit berufen, Brüder, doch ja nicht zu einem Anstoß für das Fleisch — ἀφορμὴν τῆς σαρκός —, sondern dienet einander in der Liebe." Die Gläubigen sind frei von der Knechtschaft des Gesetzes, weil und wenn sie den darin ausgesprochenen Gotteswillen von innen aus erfüllen. Christus hat uns vom Gesetz befreit (Gal. 5, 1), aber nicht so, daß wir nun etwa das Recht haben, es ungestraft zu übertreten, sondern so, daß wir nun erst in die innere Herzensverfassung kommen, es zu erfüllen; nicht mehr im knechtischen Geiste, sondern in dem Geiste, der da ruft: „Abba, lieber Vater." So Gal. 2, 19: „Ich bin durch das Gesetz," nämlich durch das, was ich an und mit ihm erlebte, „dem Gesetz abgestorben," nämlich als Mitgekreuzigter Christi (2, 20), „damit ich Gott lebe"; nämlich „im Glauben an den Sohn Gottes, der mich geliebt und sich für mich dahingegeben hat" (2, 20). „Die Gnade Gottes verachte ich nicht. Gäbe es eine Gerechtigkeit durchs Gesetz, dann wäre Christus vergeblich gestorben" (2, 21). Und eben diese Gnade, die der Apostel als eine ihm persönlich widerfahrene empfindet, hat vermocht, was das Gesetz nicht vermocht hatte, ihm das Herz so zu wandeln und zu erneuern, daß er nun aus Gegenliebe vermag, nämlich Gott zu leben, was er vorher aus Furcht nicht imstande gewesen war. Also die Gnade ist es, die von dem Gesetze befreit, aber nimmermehr, indem sie von seinen Forderungen entbindet, sondern indem sie zu neuem Leben die Herzen erst befähigt. Genau so Röm. 7, 4: „Demgemäß, meine Brüder, werdet auch ihr abgetötet dem Gesetz, um einem andern zu eigen zu werden, dem, der von den Toten auferweckt ward, damit wir Gott Frucht bringen": ἵνα καρποφορήσωμεν τῷ θεῷ." Wo dies der Fall ist, da gilt Röm. 8, 1: „So ist nun nichts Verdammliches an denen, die in Christus Jesus sind." Aber nur da, wo wirklich, wie es V. 2 sagt, das Gesetz des Geistes des Lebens in Christus Jesus von dem Gesetz der Sünde und des Todes befreit hat. Aber da auch durchweg, unter dieser Bedingung wird eine neue Kreatur, καινὴ κτίσις, gleichviel so Jude wie Heide (Gal. 6, 15). Alles Stückwerk hat aufgehört, Röm. 6, 10: „Was Christus gestorben ist, ist er ein für allemal der Sünde gestorben." 6, 13: „Also auch ihr . . . bietet euch selbst Gott dar als von dem Tod Erstandene . . ." Vgl. Röm. 12, 1: „So ermahne ich euch nun, eure Leiber darzubringen zu einem lebendigen, heiligen, gottwohlgefälligen Opfer."

b) Als jenseitiges (Eschatologie).

Diese so sich bethätigende Gemeinschaft behält ihren Bestand nicht nur über den leiblichen Tod hinaus, sondern vertieft und vollendet sich erst in dem Daheimsein bei und mit dem Herrn. Gegenstand der Erwartung und des Seufzens ist die *νιοθεσία*, die erst mit der Erlösung unseres Leibes eintritt — *ἡμεῖς καὶ αὐτοὶ ἐν ἑαυτοῖς στενάζομεν νιοθεσίαν ἀπεκδεχόμενοι, τὴν ἀπολύτρωσιν τοῦ σώματος ἡμῶν* (Röm. 8, 23). Auf Hoffnung sind wir gerettet worden (8, 24). Gleichgestaltet nach dem Bilde des Sohnes Gottes zu werden, auf daß er sei der Erstgeborene unter vielen Brüdern: das ist die Hoffnung der Gläubigen (8, 29); ja nicht nur gerechtfertigt, sondern verherrlicht — *ἐδόξασεν* (8, 30) zu werden, das steht ihnen bevor. Und vor allem auch der Tod kann sie nicht scheiden von der Liebe Gottes, die in Jesus Christus ist (8, 39). Zu dem allen besitzen sie die Erstlingsgabe des Geistes — *τὴν ἀπαρχὴν τοῦ πνεύματος* (8, 23). — Das Gottesreich, das Gerechtigkeit, Friede und Freude im heiligen Geist ist (14, 17), ist zwar schon hier ihr Teil, aber vollendet doch erst ihr Erbe im Jenseits, als das Erbe der Kinder Gottes (1. Kor. 6, 9 u. 10). In der Auferstehung von dem Tode erstehen sie zur *ἀφθαρσία*, *δόξα* und *δύναμις* (1. Kor. 15, 42 ff.), erlöst von dem Dienste der Vergänglichkeit zur herrlichen Freiheit der Kinder Gottes (Röm. 8, 21). Das ist der verheißungsvolle Ausblick, ohne den die Christen die elendesten unter den Menschen wären (1. Kor. 15, 19), die Hoffnung auf ein Leben außer dem diesseitigen. Nicht in diesem, sondern in jenem liegt der Schwerpunkt der Christenhoffnung. Es ist die Gewißheit, daß, wenn dieses irdische Haus zerbricht, wir einen Bau haben von Gott, ein Heim, nicht mit Händen gemacht, das ewig ist im Himmel (2. Kor. 5, 1). Daneben wird der stille Wunsch des Apostels bemerkbar, nicht ent=, sondern überkleidet zu werden d. h. ohne Tod in dies Leben der Vollendung über= zugehen (2. Kor. 5, 4), und er spricht es als ein Geheimnis aus, daß nicht alle entschlafen, wohl aber alle verwandelt werden (1. Kor. 15, 51).

Aber auch der Tod wird für den Christen ein solcher, der seinen Stachel verloren und seine Schrecken eingebüßt hat, ja, der um seinen Sieg gekommen ist (1. Kor. 15, 54). Daß das Sterben ein κοιμᾶσϑαι heißt und die Gestorbenen Entschlafene, besagt noch nichts, denn dieser Euphemismus ist nicht nur bereits alttestamentlich (Jes. 14, 8: שָׁכַב) und zwar in einem Zusammenhang, wo er keineswegs eine Milderung bezweckt, sondern die ganze Macht der Thatsache des Todes zum Ausdruck bringen will — der Dränger Israels ist in die Hölle gefahren (Jes. 14, 9) —, sondern auch bei Sophokles, Elektra, Vers 510, findet er sich. Dazu wird er im Neuen Testament ganz allgemein, keineswegs etwa nur in der Beschränkung auf Christusgläubige gebraucht. So 1. Kor. 7, 39: Wenn der Mann gestorben ist: κοιμηϑῇ, ist die Frau frei zu heiraten, wen sie will. Das gilt interkonfessionell. Wo es ein Sterben in Christus ist, wird es besonders hervorgehoben: οἱ κοιμηϑέντες ἐν Χριστῷ (1. Kor. 15, 18), wenn es nicht aus dem Zusammenhange sich von selbst versteht. 1. Kor. 15, 20: „Χριστὸς . . . ἀπαρχὴ τῶν κεκοιμημένων; und V. 51: „πάντες οὐ κοιμηϑησόμεϑα, πάντες δὲ ἀλλαγησόμεϑα".

Dagegen scheint allerdings Paulus ein ἐνδημεῖν πρὸς τὸν Κύριον unmittelbar nach dem ἐκδημεῖν ἐκ τοῦ σώματος zu erwarten (2. Kor. 5, 8). Es ist das das Ziel seines Sehnens. Erklärt er nun andrerseits 1. Kor. 15, 18: Wenn Christus nicht auferstanden ist, dann sind auch die in Christus Entschlafenen verloren — ἀπώλοντο —, weil sie dann auch nicht auferstehen (1. Kor. 15, 15 ff.); ja identificiert er 1. Kor. 15, 32 das Nichtauferwecktwerden mit einem Totsein im Sinne eines abschließenden und alle Verantwortung für das diesseitige Leben ausschließenden Endes für immer: so bleibt nicht wohl ein anderer Schluß, als daß er im Falle seines Todes seine Auferstehung als die Bedingung seines Weiterlebens ohne Verzug erwartete oder im Falle seines Überkleidetwerdens bei der etwa noch erlebten Parusie der Auferstehung eben damit teilhaftig zu werden meinte. Dabei ist bezeichnend, daß jenes höchste Ziel des Sehnens Pauli ganz schließlich geistiger Natur ist, die volle Gemeinschaft mit dem auferstandenen und erhöhten Christus, mit seinem Herrn. Dem entspricht, daß auch die Auferstehungshoffnung, die er als die conditio sine qua non seines ganzen Christseins vertritt, nicht sowohl nach der Weise der Juden auf eine Wiederherstellung der Leiblichkeit des Diesseits als vielmehr bis auf den zu erwartenden neuen Leib, auf eine *μετάβασις*, ein *ἀλλαγήσεσθαι* (1. Kor. 15, 52), in eine ganz andere, neue Art unverweslichen, himmlischen, pneumatischen Wesens geht (1. Kor. 15, 42 ff.) Dem entspricht weiter, daß *κοινωνία, υἱοθεσία, κληρονομία* und *δόξα* korrelate Begriffe sind und als das Objekt der *κληρονομία* die *βασιλεία θεοῦ* (Gal. 5, 21) genannt wird. Eben deshalb liegt aber die Deutung der verklärten Leiblichkeit auf eine himmlische Lichtsubstanz (B. Weiß, S. 396), gewissermaßen als dem Medium der *δόξα*, m. E. von der geistigen Auffassung des Apostels ab und ist kaum noch mit dem pneumatischen Zustande vereinbar.

c) Die Parusie.

Nach 1. Kor. 15, 23: „*ἀπαρχὴ Χριστός, ἔπειτα οἱ τοῦ Χριστοῦ ἐν τῇ παρουσίᾳ αὐτῶν*" fällt die Auferstehung der Christusgläubigen mit der Parusie zusammen. Nach 1. Kor. 15, 52 erwartet diese Paulus noch mit den Korinthern zu erleben: „*οἱ νεκροὶ ἐγερθήσονται ἄφθαρτοι καὶ ἡμεῖς ἀλλαγησόμεθα.*" Aber diese Erwartung steht unter der Einleitung: „*ἰδοὺ μυστήριον ὑμῖν λέγω*" (1. Kor. 15, 51). Röm. 13, 11: „Und dies", nämlich thut, was er sie ermahnt hat, „als solche, welche die Zeit erkennen, *καὶ τοῦτο εἰδότες τὸν καιρόν, ὅτι ὥρα ἤδη ὑμᾶς ἐξ ὕπνου ἐγερθῆναι,*" nämlich daß die Stunde schon da ist oder daß es rechte Zeit ist, daß ihr schon aus dem Schlafe erwachet d. h. daß ihr im ethischen Sinne wach, lebendig, wirksam werdet, „*νῦν γὰρ ἐγγύτερον ἡμῶν ἡ σωτηρία ἢ ὅτε ἐπιστεύσαμεν*". „Denn jetzt ist uns das Heil näher, als wo wir gläubig wurden": so mit B. Weiß, S. 398, zu deuten, daß der Apostel die Parusie nahe glaube, fehlt es an dem bestimmten Anhalt. Die Nacht von der gegenwärtigen Zeit des Heils zu verstehen, ist ganz gegen die Schätzung, die sie bei allen Gläubigen und zumal einem Paulus genießt. Den Tag sieht er als einen nicht erst noch bevorstehenden an, wenn er V. 13 die Leser ermahnt, *ὡς ἐν ἡμέρᾳ εὐσχημόνως*, in decenter Weise zu wandeln. Damit ist aber die Deutung auf die Parusie auch V. 12, worauf V. 13 augenscheinlich rekurriert, ausgeschlossen. Denn diese konnte doch immer nur als eine, wenngleich nahe, bevorstehende, unmög-

lich als eine schon angebrochene bezeichnet werden. Dagegen er=
wartet der Apostel nach Röm. 11, 25 ff., nachdem die Fülle der
Heiden eingegangen sein werde, die Bekehrung Israels. Ob er
das in Bälde, gar noch innerhalb seines Lebenswerkes, noch im
damaligen Menschenalter (B. Weiß, S. 399) auf Grund der
gewaltigen Dimensionen seiner Missionsarbeit erwartet hat und
erwarten konnte und demgemäß dann erst, aber doch auch noch
die Parusie, ist mindestens disputabel.

Diese, „ἡ ἡμέρα τοῦ κυρίου ἡμῶν Ἰησοῦ Χριστοῦ“
1. Kor. 1, 8; 5, 5; 2. Kor. 1, 14), bringt die Entscheidung über
die Gläubigen. Da stellt es sich heraus, wessen Glaube echt war
und die Probe bestanden hat (Röm. 14, 10). Sehr bezeichnend
ist B. 12: ἄρα οὖν ἕκαστος ἡμῶν περὶ ἑαυτοῦ λόγον δώσει
τῷ θεῷ.

Jeder ist sein eigener Ankläger und Verteidiger. Jeder trägt
in sich seine Vergeltung. Jeder ist selbst sein Lohn oder seine
Strafe. In sittlicher Beziehung sind wir immer das Produkt
unserer selbst und eben damit unsere eigenen Gerichtsvollstrecker.
Dem entspricht, und es kann nicht auffallen (B. Weiß, S. 400),
daß bei diesem Gericht die Urnorm (Röm. 2, 6; 2. Kor. 5, 10)
zur Anwendung kommt, und nicht der Glaube genannt wird.
Denn eben an ihr und nur an ihr wird es entscheidend klar,
welcher Art der Glaube war. War er die eminent sittliche
Centralthat des Menschen, dann wird eben diese Norm, die nach
dem Verborgenen richtet, das so adäquat ergeben, wie es dem
wirklichen Sachverhalt vollkommen gerecht wird. Damit ist aber
endgültig ausgeschlossen, daß die paulinische Theologie einen
Glauben kennt, der nicht die wirkliche grundsätzliche Abkehr von
der Sünde (ἀσέβεια) und Hinkehr zu Gott und seinem heiligen
Willen zur Voraussetzung und zum beständigen Korrelat hätte.
Damit ist weiter ausgeschlossen, daß die paulinische Theologie eine
Rechtfertigung von Gott aus, ein δικαιοῦν, kennt, welches ohne
Rücksicht auf die wirkliche Herzensstellung des Menschen oder gar
im direkten Widerspruch mit ihr in einem lediglich forensischen
Akt, das will sagen, einem von dem inneren Sachverhalt un=
abhängigen Gottesurteil bestehe. Vgl. dagegen 2. Kor. 11, 15:
„ὧν τὸ τέλος ἔσται κατὰ τὰ ἔργα αὐτῶν.“

Selbst das jus talionis, oder sagen wir lieber, die abwägend
waltende Gerechtigkeit, keinem zulieb und keinem zuleid d. h. ohne

Ansehen der Person ist durch die Gnade Gottes in Christus so
wenig aufgehoben, daß diese Gnade, wie sie ganz und gar keine
bedingungslose Amnestie gewährt, sondern nur dem zuteil werden
kann, der sie sich im Glauben aneignet, sich begnadigen läßt und
also ihr sich innerlich öffnet, vielmehr genau nur in dem Ver=
hältnis der gottzugewendeten Herzensverfassung empfangen wird.
Ob sie uns zu teil wird oder versagt bleibt und in welchem
Grade und Maße das Eine oder das Andere, eben darin werden
unserer Herzen Gedanken präcise offenbar und präcise gerichtet
(sensu medio). Die auf das korrekteste gewissenhaft äquivalente
Vergeltung kommt eben darin zu Tage. Die Gnade Gottes in
Christus schließt von sich aus keinen aus. Aber je wie sich der
Mensch zu ihr stellt und verhält, je damit und eben so fällt er
nicht nur das Urteil nach Gottes Ordnung über sich selbst,
sondern damit vollzieht er es sogar auf der Stelle vollkommen
äquivalent und abäquat an sich selbst. Selbst die Vergeltung er=
folgt also nicht äußerlich, sondern innerlich, nicht so, als ob der
Mensch handelte und nun der Allmächtige eine angemessene Ver=
geltung über ihn in jedem Einzelfall verhängte, sondern so, daß
nach seiner Ordnung, die ohne Ansehen der Person ganz all=
gemein gilt, der Mensch sein eigener Vergelter und event. sein
eigener Gerichtsvollstrecker wird.

Durchaus so ist selbst ein Ausspruch zu verstehen, wie
1. Kor. 3, 17, wo der Grundsatz des „Auge um Auge" unver=
blümt ausgesprochen wird: „εἴ τις τὸν ναὸν τοῦ θεοῦ φθείρει,
φθερεῖ τοῦτον ὁ θεός." „Denn der Tempel Gottes ist heilig,
das seid ihr." Gemeint ist also: Wer die Gläubigen um ihres
Glaubens willen verdirbt, den wird Gott verderben. Das ge=
schieht nicht so, daß Gott Feuer und Schwefel auf ihn herab=
fallen läßt, sondern so, daß der Wille, der sich zum Glauben in
Gegensatz stellt, immer gottentfremdeter, gottfeindlicher und öder
wird und so, von der Möglichkeit, die Gnade Gottes in Christus,
die einzige via salutis, die es giebt, sich anzueignen, innerlich
immer weiter ab, fortgehend an seinem eigenen Grabe gräbt, an
der inneren Deroute, deren Konsequenz, die äußere Deroute, nur
eine Frage der Zeit zu sein pflegt, und wenn jener kein Einhalt
geschieht, nur sein kann. Selbst Krankheit und früher Tod
könnten in diesem Zusammenhange Folge sein, aber daß 1. Kor.
11, 30 nicht so zu deuten ist, sahen wir bereits. „Was der

Menſch ſäet, das wird er ernten. Wer auf ſein Fleiſch ſäet, der wird vom Fleiſch das Verderben — φϑοράν — ernten. Wer auf den Geiſt ſäet, der wird vom Geiſt — ἐκ τοῦ πνεύματος — das ewige Leben ernten" (Gal. 6, 8). So bereitet ſich jeder ſein Los ſelbſt genau und mit der feinſten Wage gemeſſen abäquat nach dem Satz: „Wie man's treibt, ſo geht's" — nach Gottes Ordnung. Wer ſpärlich — φειδομένως — ſäet, der wird auch ſpärlich ernten; und wer da ſäet auf Segen — ἐπ' εὐλογίαις —, der wird auch ernten auf Segen (2. Kor. 9, 6). Es iſt die Gnade Gottes in Chriſtus, die das βραβεῖον, den Preis, die den unvergänglichen Kranz darreicht, wer immer ihn ergreift. Aber man kann ſie nicht mit einer Hand ergreifen und mit der andern nach andern Gütern taſten. Nur mit ganzem Herzen und von Grund der Seele aus, nur, wenn die ganze Perſönlichkeit ſich in dieſe eine centrale Hingabe legt, kann man ſie empfangen, haben und behalten. Das ſpricht Paulus 1. Kor. 9, 24. 25 unter dem Bilde der Wettrenner und Wettkämpfer aus. Ein Begnadigt= werden ohne ein ſich Begnadigenlaſſen, ſozuſagen eine lediglich paſſive Begnadigung, kennt das übrige Neue Teſtament ſo wenig wie Paulus, und zu dieſem ſich Begnadigenlaſſen gehört das ganze Herz und der ganze Menſch und das ganze Leben. Das illuſtriert der eine, der von allen, die in den Schranken laufen, allein das Ziel erreicht (1. Kor. 9, 24). Er hat alles darauf ge= ſetzt, das Ziel zu erreichen. Das iſt der Sinn des andern Wortes Pauli (1. Kor. 15, 32): „Wenn ich κατὰ ἄνϑρωπον — um Menſchen willen oder nach Menſchenweiſe — in Epheſus mit wilden Tieren gekämpft habe: was habe ich davon?" Wenn nämlich die Toten nicht auferſtehen und es infolgedeſſen jenes βραβεῖον der göttlichen Gnade in Chriſtus im Himmel überhaupt nicht giebt: ſo war, wie der ganze übrige Kampf meines Lebens, ſo auch dieſer umſonſt. Darin, wie in 1. Kor. 15, 19: „Wenn wir auf Chriſtus nur hoffen in dieſem Leben, ſo ſind wir die beklagenswerteſten aller Menſchen" kommt nicht ein „Eudämonis= mus" zum Ausdruck, ſondern einerſeits die Gewißheit des Glaubens wie andrerſeits die Thatſache, daß mit ihm das eigent= lich treibende Motiv und beherrſchende Princip des chriſtlichen Lebens hinfallen würde und deſſen Äußerungen Streiche in die Luft wären (1. Kor. 9, 26).

d) Das Ende.

„Wie in Adam alle sterben, so werden auch in Christus alle zum Leben kommen. Aber jeder an seiner Stelle: Christus als der Erstling; hernach die Seinigen bei seiner Ankunft — ἐν τῇ παρουσίᾳ —; dann das Ende" (1. Kor. 15, 23. 24). Wie es scheint, denkt Paulus im unmittelbaren Anschluß an die Parusie das Ende. Wie es scheint. Denn das τότε läßt ja freilich auch eine Deutung zu, welche dazwischen noch eine gewisse, in ihrer Dauer nicht zu bestimmende, Zeit einschlösse. Aber diese Deutung wäre ebensowenig wie die andere der unmittelbaren Folge zu belegen. Beyschlag nimmt an, daß bei der Parusie nur die bis dahin auf Erden Gläubiggewordenen auferweckt werden sollen (V. 23); daß, weil alle in Christus lebendig gemacht werden sollen, welche in Adam zu Tode gekommen sind (V. 22), ihre Bekehrung in die Zeit zwischen Parusie und Ende fallen werde (II, S. 276). Der Text enthält davon keine Andeutung. Der Auffassung von V. 22 im Sinne Beyschlags, sowie derer, welche daraus die ἀποκατάστασις πάντων schließen, stehen erhebliche Bedenken entgegen. Denn wie alle in Adam sterben — ὥσπερ γὰρ ἐν τῷ Ἀδὰμ πάντες — bemerke die Wortstellung — ἀποθνήσκουσιν, οὕτως καὶ ἐν τῷ Χριστῷ πάντες ζωοποιηθήσονται: so werden auch alle in Christus lebendig gemacht werden. Wer sind die ἐν τῷ Ἀδὰμ πάντες? Augenscheinlich ist dies der Begriff, und ἐν τῷ Ἀδὰμ nicht etwa zu ἀποθνήσκουσιν zu beziehen. Es sind alle, die mit Adam in irgend einem Verhältnis, in irgend einer Beziehung, einer Gemeinschaft stehen: „die in Adam"; „alle die in Adam". Welches Verhältnis kann das sein? Das genealogische, ein natürliches, naturhaftes? Dann könnte es nicht mit dem in Christus in Parallele gestellt und verglichen werden. Denn das ist ein geistliches, ein sittliches, ein Verhältnis, welches in der Gesinnung besteht und beruht. Können aber die ἐν τῷ Χριστῷ πάντες nur die sein, welche mit ihrem Herzen Christus angehören, so können auch die „ἐν τῷ Ἀδὰμ πάντες" nur die sein, welche in einem sittlichen Verhältnis zu Adam stehen. Dann heißt der Vers: „Wie alle adamitisch Gesinnten d. h. alle, die im Dienste Adams als dessen stehen, durch den die Sünde gekommen ist in die Welt, also, wie alle im Dienste der Sünde sterben, nämlich den geistlichen Tod erleiden, innerlich zu Grunde gehen, als die,

welche vom Fleisch die φθορά ernten: so werden alle, die in
Christus ihren geistlichen Lebensgrund haben, die mit ihm in
Herzensgemeinschaft stehen, lebendig werden im geistlichen Sinne,
als die, die vom Geist das ewige Leben ernten." Freilich schließt
dieses ζωοποιηθήσεσθαι das ἐγερθῆναι ein, aber es giebt keine
Auferstehung in Christo ohne Herzensgemeinschaft mit ihm, ohne
daß man sein Jünger ist. Das geistliche ζωοποιηθήσεσθαι ist
immer die Bedingung und die Hauptsache. Auf ein Leben nach
dem Tode ohne Christus, ohne in Gemeinschaft mit ihm, hat ein
Paulus nie gehofft und wohl kein Apostel und überhaupt kein
wahrhafter Christ. Die Erwartung bloß eines Fortlebens nach
dem Tode, gleichviel welches, nur des Lebens, ist noch nicht christ=
lich. Christlich ist die Hoffnung auf ein Daheimsein bei unserm
Herrn und — paulinisch. So hat der Vers einen Sinn und ohne
diesen keinen. Daß in Adam alle leiblich sterben, glaubt Paulus
selber nicht, denn er hofft ja, mit seiner Generation dem leiblichen
Tode durch die Parusie überhoben zu werden (1. Kor. 15, 22).
Daß in Christus alle Menschen lebendig gemacht werden, sagt er
nicht, sondern nur, daß alle, die in Christus sind, es werden. Damit
stimmt es, daß „ἄδικοι θεοῦ βασιλείαν οὐ κληρονομήσουσιν"
(1. Kor. 6, 9); daß alle, die Werke des Fleisches thun, πορνεία,
ἀκαθαρσία 2c., βασιλείαν θεοῦ οὐ κληρονομήσουσιν (Gal.
5, 21). Dies Reich, für dessen Werden unter den Menschen
Christus gekommen, gelebt, gestorben, auferstanden und noch als
Erhöhter thätig geblieben ist, wird er am Ende dem Gott und
Vater übergeben, nachdem er alle, die ihn daran hatten hindern
wollen, besiegt hat (1. Kor. 15, 24—28). Nicht vernichtet, sondern
πᾶσαν ἀρχὴν καὶ πᾶσαν ἐξουσίαν καὶ δύναμιν außer Wirksam=
keit dawider, inaktiviert, außer Kurs gesetzt hat, καταργήσῃ
(V. 24); alle Widersacher unter Gottes Füße gelegt hat — θῇ
ὑπὸ τοὺς πόδας αὐτοῦ. So lange muß Christus herrschen, bis
ihm das gelungen ist. Als letzter Feind wird der Tod machtlos
— καταργεῖται — in diesem Reich, und dann ist Gott alles in
allen, die an ihm teilhaben, einschließlich dessen, der mit allem
zuletzt sich selbst unterordnet dem, der ihm alles unterworfen hatte
(V. 28). Dann ist die Mission des Erlösers erfüllt und sein
Werk vollbracht. Alle Welt hat Gelegenheit gehabt, zu ihm
Stellung zu nehmen und sich von der Gnade begnadigen zu
lassen. Denn die Fülle der Nichtjuden ist eingegangen, muß also

in allen ihren Mitgliedern von der Predigt erreicht worden sein. Auch Israel hat sich bekehrt, was wiederum voraussetzt, daß das Wort vom Kreuz auch alle seine Stämme noch hörten. Die es demnach nicht zu Herzen nahmen, die haben eben damit sich selber gerichtet und ausgeschlossen von dem Reich, in dem Gott alles in allen ist. Die ἄδικοι gehören nicht zu ihm. Die Fülle der Heiden schließt nicht alle Einzelnen der Stämme und Städte, der Völker und Länder ein, an die sich das Evangelium wendete. Schon in den Grenzen, in denen Paulus damals gearbeitet hatte, auf heidnischem Boden, war das nicht der Fall. Es waren bei weitem nicht alle Heiden in Korinth oder in Rom, welche zu den dortigen Gemeinden zählten. Ebenso das πᾶς Ἰσραήλ schließt nicht notwendig alle einzelnen Israeliten ein (Röm. 11, 25 ff.). Eine ἀποκατάστασις πάντων würde voraussetzen, daß schließlich auch die früher Widerstrebenden ohne Ausnahme doch noch sich finden lassen würden. Ob sie je eintreten wird, bleibt eine offene Frage, bis alle sich letztlich und endgültig entschieden haben werden. Freilich ist in unserm Kontext (1. Kor. 15, 22) nur von der βασιλεία θεοῦ die Rede, die die aufnimmt, die ἐν Χριστῷ sind, und nur von der Heilsvollendung der Gläubigen handelt der ganze Passus von 1. Kor. 15, 12 an. Nur in allen Reichsgenossen ist Gott alles in allen. Aber damit ist doch noch nicht ausgeschlossen, daß einst alle Menschen Reichs= genossen werden könnten. Daß Paulus dieser Erwartung hat Ausdruck geben wollen, ist aus dem Wortlaut nicht zu ent= scheiden, aber ebensowenig zu bestreiten. Die Möglichkeit kann niemand leugnen, die Wirklichkeit dieses versöhnenden Abschlusses ist, weil er von den freien Akten der Menschen abhängt, nicht im voraus wißbar. Nur das darf man im Geist der ganzen neu= testamentlichen Religion direkt und bestimmt sagen: Gott will, daß allen, allen ohne Ausnahme, geholfen werde. Aber auch er kann mir helfen zur Seligkeit denen, die sich dazu helfen lassen. Ob das alle Menschen thun werden, bleibt ungewiß, bis sie alle selbst sich entschieden haben.

Dies ist die Lehre der vier großen Lehrbriefe des Apostels Paulus. Wir prüfen nun, unserm Programm gemäß, ob die Lehre der übrigen Briefgruppen davon abweicht.

Die Lehre der Missionspredigt und der Thessalonicherbriefe.

Die Rede des Apostels auf dem Areopag in Athen enthält bereits das paulinische Evangelium in nuce. Sehr viel bestimmter freilich schon der 1. Thessalonicherbrief, so sehr dieser frühste der uns erhaltenen Briefe des Apostels weniger in lehrhaftem als in dem Tone väterlicher Beratung einer noch jungen, auch in der heidnischen Umgebung in der See= und Handelsstadt nicht ungefährdeten Gemeinde geht. Besonders kommt die Frage der Parusie zur Sprache, von 4, 13 an bis 5, 1. Daß sie nicht den Lesern zur Versuchung werde und zur Erschlaffung in dem Ernste der sittlichen Arbeit führe, das legt ihnen auch der 2. Brief mit allem Nachdruck ans Herz.

1. Die Areopagrede.

Paulus erkennt in dem Götzendienst der Athener einen Gottesdienst, in ihrer δεισιδαιμονία (Apg. 17, 22) eine εὐσέβεια (V. 23) an, die sie ἀγνοοῦντες üben. Das ist ein bewegender Zug. Dieses Verständnis für die irrenden Brüder, dieses Heraus= fühlen des Wahren, das sich unter dieser Hülle barg, dieses Hinüberreichen über die große Kluft, die einen Heiden von einem Apostel des Evangeliums trennt, die helfende Hand: fürwahr! ein Vorbild für all unsere Begegnungen mit Andersgläubigen. Kein Fanatismus, kein überlegenes Herabsehen auf die niederere Stufe, kein jüdisches die Kleider Zusammenraffen und einen Um= weg machen, um den Andern ja nicht zu berühren und sich da= durch zu verunreinigen: sondern echte Heilandsliebe, die da nicht das Ihre sucht, sondern das, das des Andern ist. Aber doch zugleich kommt eben darin bereits der universelle Blick des Apostels zu Tage. Dazu die ausgesprochen geistige Auffassung Gottes, der nicht wohnet in Tempeln mit Händen gemacht, aber Herr ist der Welt und der Geschichte. Nicht fern von einem jeglichen unter uns, denn in ihm leben, weben und sind wir (B. 28), und doch hat er die Zeit der Unwissenheit übersehen; der gnädige Gott läßt nun allen Menschen allenthalben ansagen, Buße zu thun, wie er denn einen Tag festgestellt hat, da er die Welt richten will in einem Mann, den er dafür bestimmt hat, ἐν ἀνδρὶ, ᾧ ὥρισεν, in Gerechtigkeit — ἐν δικαιοσύνῃ —, nachdem er durch Auferweckung desselben vom Tode allen Glauben (an ihn) — παρασχών — dargereicht, das will sagen, mittelst dieses thatsächlichen Zeugnisses für ihn und seine Würde den Glauben ermöglicht hat (B. 31). Da haben wir als erste Forderung die μετάνοια, als die unerläßliche Vorbedingung alles Weiteren auf dem neuen Wege, auch zumal des Glaubens, und in diesem Glauben an den von Gott Verordneten und Auferweckten das entscheidende Kriterium, nach dem an einem Tage alle Welt gerichtet wird. So durchzieht die Rede von Anfang bis zu Ende der universelle Ton. Auch die Heiden, wie alle Menschen, sind göttlichen Geschlechts, und eben an dieses knüpft er mit seiner Mahnung wohlwollend und gewinnend an. Der Glaube entscheidet, aber es ist der sittlich bedingte Glaube. Alles Heil liegt in dem einen Mann. Daß der Apostel ihn nicht weiter charakterisiert, besonders auch alle hyperphysischen Prädikate von ihm ungesagt läßt, wird aus pädagogischen Gründen geschehen sein. Andernfalls würde man ihn schon früher unterbrochen und am Weiterreden gehindert haben, wie man es sofort thut, als er von der Auferstehung spricht. Es handelt sich zunächst darum, überhaupt für die Sache Gehör zu gewinnen und Interesse zu erregen.

2. Der 1. Thessalonicherbrief.

a) Die Missionspredigt in Thessalonich.

Um so bestimmter pflegte dann die Predigt im weiteren Verlauf des Unterrichts, wenn es dazu kam, zu werden. Der Fall mit dem Gefangenwärter in Philippi war ein ausnahmsweise günstiger. Diesem erschütterten Gewissen (16, 30) konnte sofort mit der Antwort begegnet werden: „Glaube an den Herrn Jesus, so wirst du und dein Haus gerettet werden." Und sie, Paulus und Silas, verkündeten ihm das Wort Gottes mit „allen in seinem Hause" (16, 33). Aber über die Missionspredigt in Thessalonich giebt 1. Thess. 1, 9 Aufschluß und Auskunft, und diese bestätigt die eingehende deutliche Unterweisung. „An jeg= lichem Ort," sagt der Apostel 1. Thess. 1, 8, „ist euer Glaube an Gott ausgekommen, so daß wir nicht nötig haben, etwas zu sagen. Denn die Leute selbst dort verkünden von uns, in welch einer Weise wir bei euch aufgetreten sind, und wie ihr euch be= kehrt habt zu Gott von den Götzen."

Καὶ πῶς ἐπεστρέψατε[1]) πρὸς τὸν θεὸν ἀπὸ τῶν εἰδώλων, δουλεύειν θεῷ ζῶντι καὶ ἀληθινῷ, zu dienen dem lebendigen und wahrhaftigen Gott und zu erwarten seinen Sohn vom Himmel, καὶ ἀναμένειν τὸν υἱὸν αὐτοῦ ἐκ τῶν οὐρανῶν, welchen er auferweckt hat von den Toten, Jesum, unsern Erlöser von dem kommenden Zorn — „Ἰησοῦν τὸν ῥυόμενον ἡμᾶς ἐκ τῆς ὀργῆς τῆς ἐρχομένης" : 1. Thess. 1, 9 u. 10.

Paulus nennt also gleich in seinem ersten Briefe Jesus den Sohn Gottes, der ἐκ τῶν οὐρανῶν zu erwarten ist. Dort ist sein Heim und seine Stätte. Die Abkehr von den Götzen und die Hinkehr zu Gott: das ist das Erste. Und worin besteht nun die Bekehrung? 1. darin, daß man dient — δουλεύειν = עָבַד (Exod. 9, 1. 13; Deut. 8, 19) Ausdruck der unbedingtesten Hin= gabe — dem Gott, der lebt, im Gegensatz zu den toten Götzen, und der wahrhaftig ist, in objektiver Realität, im Gegensatz zu den eingebildeten Götzen; 2. darin, daß man erwartet aus dem Himmel seinen Sohn. Hier tritt bereits der eschatologische Zug der Missionspredigt Pauli in Thessalonich und der beiden Briefe zu Tage. Vgl. 2, 19. 20. „Exspectare," merkt Bengel zu

---

[1]) Ἐπιστρέφειν der Ausdruck für bekehren im Sinne der Herzens= hinwendung zu Gott, welche die Herzensabkehr von der Sünde, das ἀπο= στρέφειν, so voraussetzt und einschließt, wie selbst Glauben ist und mit zu= nehmender Vertiefung mehr und mehr wird. Bezeichnend für die Rolle, die die Selbstthätigkeit spielt, ist der bis auf 1. Petr. 2, 25, wenn die von Tischendorf durch στραφῶσιν ersetzte Lesart ἐπιστραφῶσι des text. rec. Joh. 12, 40 außer Ansatz bleibt, durchweg im Neuen Testament aktive Gebrauch.

dieser Stelle an, „certissimus veri Christiani character.“
Ἀναμένειν, nirgends sonst im Neuen Testament, sonst προς-
δέχεσθαι, ἀπεκδέχεσθαι, προςδοκᾶν in demselben eschato-
logischen Sinne. Der Grund unserer Erwartung ist auch hier
seine Auferstehung, wie sie auch uns dafür bürgt, daß er
unser Erlöser ist von dem kommenden Zorn. Unter diesem
Gesichtspunkt steht seine ganze Erscheinung durchweg im Neuen
Testament. In diesem Sinne heißt er der σωτήρ, wie hier
ὁ ῥυόμενος. In diesem Sinne ist seine Mission das σώζειν,
hier ῥύεσθαι, und sein Ziel die σωτηρία. Niemand versteht
ihn, der nichts empfindet von der allgemeinen und besonderen
Schuld, die das kommende Gericht heraufbeschwören muß; nichts
weiß von dem Bangen und Seufzen in diesem Sinne, das die
Menschheit von damals durchzog. Das Schuldbewußtsein ist die
Voraussetzung des Erlösungsbedürfnisses und das rückhaltlos hin-
gebende δουλεύειν dem lebendigen und wahrhaftigen Gott die des
ἀναμένειν auf den Sohn Gottes vom Himmel. Nur das
Schuldgefühl bangt und verlangt nach einem Erlöser, und nur
der aufrichtig gottzugewendete Sinn wartet auf den Sohn Gottes.
Es darf bemerkt werden, daß, was auf seiten des Christen seinen
Stand ausmacht und sonst von Paulus πιστεύειν genannt wird,
hier sich in das δουλεί'ειν und das ἀναμένειν zerlegt und die
einfache Bethätigung des ἐπιστρέψαι ist. Damit wird es
evident, daß hier das Christwerden dem Apostel keineswegs
ohne einen wirklichen Wandel des Herzens vonstatten geht und
zustande kommt, sowie, daß es sich bei der Erlösung ganz und
gar nicht bloß um einen juridisch-forensischen Akt des Gottes-
urteils ohne einen ihm entsprechenden Stand des Herzens des
Gläubigen handelt; m. a. W. der grundsätzlich ethische Charakter
des Christentums.

b) Die Eschatologie des 1. Thessalonicherbriefes.

Die Verhandlung über die Wiederkunft (4, 13—5, 11) ist
durch die Sorge über das Los der inzwischen entschlafenen Mitgläubigen veranlaßt. Sie sind vor der Parusie abberufen. Bedeutet das nicht einen erheblichen Nachteil denen gegenüber, die
sie erleben werden?

Darauf lautet die Antwort, die Paulus als eine Auskunft
„ἐν λόγῳ κυρίου“ = innerhalb von Äußerungen des Herrn d. h.

in seinem Sinne in Anspruch nimmt, daß wir, die wir leben und überbleiben — ἡμεῖς οἱ ζῶντες οἱ περιλειπόμενοι εἰς τὴν παρουσίαν τοῦ κυρίου οὐ μὴ φθάσωμεν τοὺς κοιμηθέντας — werden denen nicht zuvorkommen, die da schlafen. Bei dem Kommen des Herrn, das als ein Herabsteigen des Aufgefahrenen in der Sprache der Anschauung und in den Bildern des Dies=seits nach alttestamentlicher Analogie (Exod. 19, 16: „ein Ton einer sehr starken Posaune") geschildert wird, werden die in dem Herrn Entschlafenen zuerst[1]) auferstehen, und dann werden wir, die lebend Übergebliebenen, ihm entgegengerückt werden und bei ihm bleiben allezeit. Somit tröstet einander innerhalb dieser Worte (1. Thess: 4, 18). Daraus folgt, daß Paulus selbst mit einem Teil seiner Zeitgenossen erwartet hat, die Parusie noch zu erleben. Aber eine bestimmte Aussage darüber enthält der Passus nicht. Eine definitive Erklärung, er werde sie erleben, liegt nicht vor. Er nimmt es für sich an. Den Eindruck ge=winnt man. Aber mehr nicht. Die Auskunft, die er im Sinne der Aussagen des Herrn in dieser Richtung giebt, beschränkt sich darauf, daß die vor der Parusie gestorbenen[2]) Christen nicht sowohl hinter denen zurückstehen werden, welche dann noch leben, wer diese auch immer sein mögen,· als vielmehr zuerst auferstehen sollen; aber schließt allerdings die Erwartung bezw. Voraussetzung des Apostels ein, unter den dann noch Lebenden zu sein.

Eine Zeitbestimmung der Parusie lehnt er 5, 1 direkt ab; dagegen läßt er auch diese Beratung doch schließlich wieder in die Mahnung auslaufen, daß auch der Gläubige seinerseits alles aufzubieten habe, zu wachen und nüchtern zu sein, einer den andern zu erbauen, um das Heil zu gewinnen — „εἰς περι=ποίησιν σωτηρίας" (5, 9) — durch unsern Herrn Jesus Christus, der für uns gestorben ist, damit wir mit ihm leben möchten, gleichviel, ob wir wachen oder schlafen d. h. leiblich leben oder sterben.[3]) Das geistliche Leben mit dem Herrn

---

[1]) Eine Deutung des πρῶτον auf eine erste Auferstehung im Unterschied von einer zweiten allgemeinen, etwa durch ein ·tausendjähriges Reich ge=trennten ist textlich völlig ausgeschlossen; es bezieht sich vielmehr lediglich auf das Verhältnis zu den dann noch Lebenden.

[2]) „Möglicherweise er selbst" (B. Weiß).

[3]) Das καθεύδωμεν im ethischen Sinne wie 5, 6 zu verstehen, ist durch das ζήσωμεν (B. 10) ausgeschlossen. Daher = entschlafen, wie שָׁכַב

(4, 17: πάντοτε) in ununterbrochen beständiger Gemeinschaft, das ist das Ziel aller paulinischen Apokalypse und Eschatologie. Und eben daß dies nicht gefährdet werde, dazu erhebt er im 2. Thessalonicherbrief noch einmal seine Stimme.

---

3. Der 2. Thessalonicherbrief.

Neu ausgebrochene Verfolgungen veranlassen ihn. Und schon die Verhandlung darüber eröffnet wieder direkt den Ausblick auf das Kommen des Herrn und zwar hier unter dem Gesichtspunkt der äquivalentesten Vergeltung, ja ganz rückhaltlos des jus talionis: Es ist δίκαιον παρὰ θεῷ ἀνταποδοῦναι τοῖς θλίβουσιν ὑμᾶς θλίψιν καὶ ὑμῖν τοῖς θλιβομένοις ἄνεσιν μεθ' ἡμῶν ἐν τῇ ἀποκαλύψει τοῦ κυρίου Ἰησοῦ ἀπ' οὐρανοῦ μεθ' ἀγγέλων δυνάμεως αὐτοῦ (2. Thess. 1, 6. 7) ἐν πυρὶ φλογός, Vergeltung zu üben über die, die Gott nicht kennen — διδόντος ἐκδίκησιν τοῖς μὴ εἰδόσιν θεόν — und die nicht gehorchen dem Evangelium des Herrn Jesu, die da werden Strafe erleiden, ewiges Verderben von dem Angesicht des Herrn weg und von der Herrlichkeit seiner Kraft, wenn er kommen wird, sich herrlich zu erweisen in seinen Heiligen und wunderbar in allen, die geglaubt haben." Also wie das Ziel beständige Gemeinschaft mit dem Herrn, so seine Kehrseite ewige Geschiedenheit von ihm: ὄλεθρος αἰώνιος (V. 9). Die ἀποκατάστασις ist damit ausgeschlossen. Aber auch die äquivalente Vergeltung erweist sich als ein Selbstgericht derer, die sie erleben, sensu medio. Wer sich der Gnade öffnet, der empfängt sie. Wer sich ihr verschließt, muß ihrer entraten und verweist sich damit selbst weg von Gottes

---

2. Chron. 12, 16: „und Rehabeam entschlief mit seinen Vätern." Vgl. Dan. 12, 2: „πολλοὶ τῶν καθευδόντων ἐν γῆς χώματι." Die antithetische Bedeutung von γρηγορῶμεν = vivere ergiebt sich danach von selbst. Übrigens vgl. denselben Sprachgebrauch Joseph. Ἰουδαϊκὴ ἀρχαιολογία (XI, 3). Dann folgt aber auch aus dem „περὶ ἡμῶν, ἵνα εἴτε γρηγορῶμεν εἴτε καθεύδωμεν ἅμα σὺν αὐτῷ ζήσωμεν" die Unbestimmtheit der Erwartung des Apostels, daß ihn und seine Zeitgenossen die Parusie noch am Leben treffen werde. Gewiß über allen Zweifel ist ihm nur die schließliche ζωή mit seinem Herrn.

Angesicht. Je darin und nachdem, ob er glaubt und im Glauben beharrt (πεπιστεύκασι) oder nicht, wird er sein eigener Vergelter nach Gottes Ordnung.

Daß es den Thessalonichern nicht nach B. 9 ergehe, das ist die Fürbitte des Apostels, und eben dazu warnt er sie, sich hinsichtlich eben dieses Tages des Herrn betrügen zu lassen, als ob er un= mittelbar bevorstehe: ὅτι ἐνέστηκεν (2. Theſſ. 2, 2). Er kommt nicht, es sei denn zuvor der Abfall gekommen und der Mensch der Sünde geoffenbart, der Sohn des Verderbens ὁ υἱὸς τῆς ἀπωλείας, der sich widerſetzt und überhebt über alles, was Gott oder Heiligtum heißt, also daß er sich selbſt in den Tempel Gottes setzt und sich selbſt als Gott ausstellt — „ἀποδεικνύντα ἑαυτὸν ὅτι ἐστὶν θεός" (2. Theſſ. 2, 4). — Schon dies war in der Miſſionspredigt zur Sprache gekommen. Paulus erinnert sie 2, 5 daran. Also schon sie hatte einen eschatologiſchen Charakter oder doch eine eschatologiſche Partie. Daher wird auch das Wiſſen — οἴδατε — (B. 6) datieren, was τὸ κατέχον ist, was seine Ausgestaltung jetzt noch hindert. Genug, worauf es hier ankommt, die Parusie steht unter diesen Umständen und solange sie andauern, noch n i c h t bevor. Um so mehr bedarf es der Hut vor der Verführung. Es giebt verkehrte und arge Menschen: ἄτοποι καὶ πονηροὶ ἄνθρωποι (2. Theſſ. 3, 2). „οὐ γὰρ πάντων ἡ πίστις." Mit ihnen kann man keine Gemeinschaft halten. So schließt der 2. Thessalonicherbrief mit einer Er= mahnung; welche nicht nur an die energiſche sittliche Selbſtthätig= keit der Thessalonicher appelliert, sondern auch den ethiſchen Charakter des Glaubens ausdrücklich ausspricht. Denn es sind arge und verkehrte Leute, deren Sache der Glaube nicht ist.

Die Lehre der Gefangenschaftsbriefe.

Wie in den vier großen Lehrbriefen, ist auch in den vier Gefangenschaftsbriefen die Gnade Gottes in Christus der Grund alles Heils für alles Volk, die Heiden nicht minder wie für die Juden. Christus, der Sohn Gottes, der präexistente und postexistente, ist der Heiland der Welt, von dem Vater im heiligen Liebesrat von lange her dazu ersehen und bestimmt, in der Fülle der Zeiten gesendet zur Rettung aller, die an ihn glauben. Seine Auferweckung von den Toten ist der Grund unseres Glaubens. Der Glaube hat zu seiner psychologischen Voraussetzung, wie zu seinem fortgehenden Korrelat, die grundsätzliche Abkehr von der Sünde und Hinkehr zu Gott. Die Taufe, die ihn voraussetzt und als rechtsverbindlich für unser Leben anerkennt und bestätigt, ist der Aufnahmeakt in die Gemeinschaft der Christusgläubigen. Das Heil beginnt schon hier mit dem Glauben, wenn auch in immer neuer Aneignung und nie endendem Kampf wider die Anfechtung, und vollendet sich in der vollkommenen Gemeinschaft mit Gott in Christus im Anschluß an die Parusie.

1. Die Universalität des göttlichen Heilswillens.

Es ist das Wohlgefallen des Gotteswillens, ἡ εὐδοκία τοῦ θελήματος αὐτοῦ (Eph. 1, 5), nach dem er uns vorausbestimmt hat zur Kindschaft durch Jesus Christus ihm gegenüber — εἰς αὐτόν. — Uns, die wir Kinder des Zornes waren gleichwie die andern (2, 3); also daß wir durch ihn hätten den Zugang, beide, die jüdische und die nichtjüdische Welt, in einem Geiste zum Vater (2, 18); „daß die Heiden Miterben würden und

Mitgenoſſen ſeiner Verheißung in Chriſtus durch das Evangelium" (3, 6).

Es iſt das Wohlgefallen geweſen, ſtimmt der Kolloſſerbrief (1, 19) ein, „daß in ihm, dem Erſtgeborenen, die ganze Fülle wohnen ſollte und alles durch ihn verſöhnt würde zu ihm ſelbſt, es ſei auf Erden oder im Himmel"; welchen hat Gott gewollt kund thun (V. 27), den wir verkündigen und vermahnen alle Menſchen und lehren alle Menſchen mit aller Weisheit, auf daß wir darſtellen einen jeglichen Menſchen vollkommen in Chriſtus Jeſus (V. 28).

Dieſer univerſelle Heilswille von Gott aus kann nur da ſein Ziel erreichen, wo ſich ihm die Herzen im Glauben an Chriſtus öffnen; aber ſelbſt wo das geſchehen iſt, wie in Epheſus, und Paulus von einem „ἐξελέξατοἡμᾶς ἐν αὐτῷ (Χριστῷ) πρὸ καταβολῆς κόσμου" ſpricht, iſt ſo wenig eine Auswahl in dem Sinne gemeint, daß der Menſch nun dadurch geſichert wäre vor jedem Abfall und ſeine Heilsvollendung ihm nicht fehlen könne, ſo wenig, daß der Apoſtel dieſe Auserwählten ganz ernſtlich er=mahnt, würdiglich zu wandeln der Berufung (Eph. 4, 1), die Lügen abzulegen und die Wahrheit zu reden (4, 25), und eine ganze Reihe von Warnungen folgen läßt.

Aber allerdings kommt darin zum Ausdruck, daß die Er=löſung auf der freien Initiative Gottes beruht (Eph. 1, 5). Übrigens wird die Berufung der Chriſten zum Frieden in Chriſtus als eine ἐν ἑνὶ σώματι (Kol. 3, 15) bezeichnet, das heißt: Sie iſt nicht eigentlich eine des einzelnen Chriſten, ſondern der Gemeinde Chriſti, je wie ſie ſich von ihm finden läßt. Was aber die Hauptſache iſt: dieſe rückſchauenden Urteile werden von dem Apoſtel ſelbſt als ſolche bezeichnet, die ihm und den Glaubensgenoſſen erſt jetzt aufgehen. Eph. 1, 9; 3, 5: „νῦν ἀπεκαλύφθη τοῖς ἁγίοις ἀποστόλοις αὐτοῦ καὶ προφήταις ἐν πνεύματι." Im Lichte der Offenbarung ſchaut das geiſterleuchtete Auge zurück, und der göttliche Heilsratſchluß, τὸ μυστήριον τὸ ἀποκεκρυμμένον ἀπὸ τῶν αἰώνων (Kol. 1, 26; Eph. 3, 9), ent=hüllt ſich vor ihm als die freie Gnade, die die Erlöſungsgedanken lange vorbereitet und ganz allein auf ſie kommt; die das Heil der Welt in Chriſtus in Ausſicht nimmt, und in ihm ſieht es alle die im voraus mit eingeſchloſſen, die ſich von ihm erlöſen laſſen, wer immer von ihnen ihn umgiebt.

2. Die via salutis.

Sie ist ganz dieselbe, wie in den Lehrbriefen. Christus vermittelt das Heil, Eph. 1, 3. 17: „ὁ κύριος ἡμῶν Ἰησοῦς Χριστός" (Kol. 1, 3). Man hat selbst die Bezeichnungen Christi in den Gefangenschaftsbriefen mit denen der älteren verglichen; und das Ergebnis ist, daß der Name Ἰησοῦς allein nur noch an zwei Stellen (Eph. 4, 21 und Phil. 2, 10), Χριστός dagegen mehr als dreißigmal und ὁ Χριστός noch öfter vorkommt, Ἰησοῦς Χριστός ohne Zusatz nur Eph. 1, 5; Phil. 1, 11. 19, κύριος Ἰησοῦς Χριστός Phil. 2, 11, ὁ κύριος Ἰησοῦς Χριστός Phil. 4, 23. Auch die Umstellung: ἐν Χριστῷ Ἰησοῦ etwa fünfzehn= mal; desgleichen ὁ κύριος schlechtweg etwa zehnmal. Vgl. B. Weiß, S. 411. Also im Verhältnis wie in den älteren Briefen.

Die Heilsvermittlung erfolgt, Frieden macht er — εἰρηνο- ποιήσας διὰ τοῦ αἵματος τοῦ σταυροῦ αὐτοῦ (Kol. 1, 20) — durch das Blut seines Kreuzes, δι᾽ αὐτοῦ, durch ihn selbst; er versöhnt in dem Leibe seines Fleisches durch den Tod, um die so Versöhnten heilig und tadellos und einwandfrei vor ihm darzu= stellen (Kol. 1, 22), so sie anders bleiben im Glauben wohl ge= gründet und fest und unentwegt von der Hoffnung des Evan= geliums, das da verkündet wurde bei aller Welt unter dem Himmel (1, 23). Die in Sünden tot waren, macht er lebendig mit ihm, schenkt ihnen alle Fehltritte, löscht die Schuldschrift, die wider sie zeugte durch die Gebote, nahm sie hinweg, indem er sie ans Kreuz heftete (2, 15). Aber doch nun nicht so, als ob das ein Auslöschen wäre ohne unsere Sinnesänderung, sondern „seid ihr nun mit Christus auferstanden, so trachtet nach dem, was droben ist" (3, 1); „tötet die Glieder, die auf der Erde: Un= zucht 2c. (3, 5), leget ab Zorn 2c." (3, 8). „So ziehet nun an als Auserwählte Gottes ein Herz des Erbarmens (2, 2) . . . . einander tragend und verzeihend; wie Christus seinerseits verziehen hat, so auch ihr" (2, 13).

So haben wir in ihm die ἀπολύτρωσις, die Vergebung der Sünden (Kol. 1, 14; Eph. 1, 7), aber nicht ohne daß er zugleich unser Vorbild wird (Eph. 5, 2). Seine Selbsthingabe in den Tod war sowohl Gehorsam gegen Gott (Phil. 2, 8) als auch Liebe gegen die Menschen, Hingabe zu unserm Besten (Eph. 5, 2. 25). Diese

kann ihr Ziel an uns nicht erreichen, ohne daß jener zum Grund=
motiv unseres Willens wird. Doch nun nicht so, als ob wir um
des neuen Willens und Lebens in uns gerecht würden. Wir
werden gerecht allein aus dem Glauben. Aber es giebt keinen
Glauben ohne das neue Leben; sie stehen in korrelatem Ver=
hältnis. Der Grund unseres Heils und unserer Heilsgewißheit
ist die Auferstehung Jesu.

Zu dem und dessen Werk sich der allmächtige Gott damit
bekannt hat, in ihm wohnet die ganze Fülle der Gottheit leib=
haftig — „ἐν αὐτῷ κατοικεῖ πᾶν τὸ πλήρωμα τῆς θεότητος
σωματικῶς" (Kol. 2, 9) —; in ihm „liegen verborgen alle
Schätze der Weisheit und der Erkenntnis" (Kol. 2, 3); er „ist
das Ebenbild des unsichtbaren Gottes, der Erstgeborene vor allen
Kreaturen. Denn durch ihn ist alles geschaffen, das im Himmel
und auf Erden ist; es ist alles durch ihn und zu ihm geschehen"
(1, 15). Diese Präexistenz ist nicht ein neues Lehrstück der
Gefangenschaftsbriefe im Unterschied von den vier älteren Lehr=
briefen, sondern wir durften sie bereits in ihnen aufzeigen.

Es ist der Glaube an ihn, unsern Herrn Jesus Christus,
allein, durch den wir gerecht werden. Nicht von uns her, nicht
aus dem Gesetz, nicht aus eigenem Verdienst, sondern ganz aus=
schließlich aus dem Glauben an das seinige. Diese Rechtfertigung,
die δικαιοσύνη θεοῦ besonders des Römerbriefes, kommt präcise
Phil. 3, 9 zum Ausdruck. Nichts geht dem Apostel darüber, er=
funden zu werden in Christus, nicht mit eigener Gerechtigkeit aus
dem Gesetze — μὴ ἔχων ἐμὴν δικαιοσύνην τὴν ἐκ νόμου, —
sondern mit der durch den Glauben an Christus — ἀλλὰ τὴν
διὰ πίστεως Χριστοῦ, — der Gerechtigkeit aus Gott — „τὴν
ἐκ θεοῦ δικαιοσύνην." — Wiederum den Nerv der ganzen
Rechtfertigungslehre spricht Eph. 2, 8 aus: „Aus Gnaden seid
ihr selig geworden, durch Glauben, und dies nicht aus euch,
Gottes Gabe ist es. Nicht aus Werken, daß sich nicht jemand
rühme." Also genau die Pointe: Nicht aus eigenem Verdienst,
sondern aus Gottes Gnade, nicht aus eigener, sondern einer
Gerechtigkeit, die Gott darreicht, werden wir gerechtfertigt —
σεσωσμένοι.

3. Die christliche Erkenntnis.

Es liegt dem Apostel daran, daß die Herzen getröstet werden als die da verbunden sind in Liebe, und auf den ganzen Reichtum der Vollgenüge des Verständnisses, auf die Erkenntnis des Geheimnisses Gottes, Christus, hin (Kol. 2, 2). Es erscheint hier also neben der Liebe der Glaubensgenossen untereinander auch das Verständnis „τοῦ μυστηρίου τοῦ θεοῦ, Χριστοῦ" als das Ziel, auf dessen Erreichung der Apostel großen Wert für die Gemeinde legt. Aus dem Folgenden geht hervor, daß Irrlehren die Gemeinde bedrohen, gleichwie die in Laodicea, und zum Widerstand gegen dieselben auch eine klare, sittlich=religiöse Erkenntnis in das göttliche Mysterium, Christus, geboten erscheint.

Auch nach Eph. 1, 17 ist es das Gebet Pauli, daß seinen Lesern Gott geben wolle „einen Geist der Weisheit und Offenbarung in seiner Erkenntnis, erleuchtet die Augen des Herzens, zu erkennen, welches ist die Hoffnung seiner Berufung und welches der Reichtum der Herrlichkeit seines Erbteils unter den Heiligen, und welches die überschwengliche Größe seiner Macht an uns, die wir glauben nach der Wirksamkeit der Kraft seiner Stärke."

Irrlehren gegenüber, welche, wie Kol. 2, 16, vermuten lassen, in judaistisch=theosophischer Richtung das Mysterium deuten und den Schwerpunkt verrücken, sind diese Kundgebungen so motiviert wie verständlich; einfache Abwehr des Wahnglaubens, der aufzukommen droht; also zeitgeschichtlich bedingter Natur, aber doch ohne hinreichenden Anhalt für die Vermutung, daß die gnostisierende Richtung einer späteren Zeit dadurch oder durch „die große Menge von in das Kapitel" der Erkenntnis „einschlagenden Ausdrücken," besonders im Epheserbriefe, gekennzeichnet werde (H. Holtzmann II, S. 207). Nicht einmal der Umstand, daß sich darunter Ausdrücke finden, „die sich bei Paulus nicht, zum Teil auch überhaupt nicht mehr im Neuen Testament" nachweisen lassen („ἄγνοια, ἀπατᾶν, ἀπόκρυφος, ἄσοφος, διάνοια, ἐπιφαύσκειν", oder ἐπιφαύειν (Eph. 5, 14), nicht weiter nachweisbar,[1]) „κατα-

---

[1] Das Citat Jes. 60, 2 LXX hat anstatt „καὶ ἐπιφαύσει σοι ὁ Χριστός" (Eph. 5, 14): „ἐπὶ δὲ σὲ φανήσεται κύριος."

λαμβάνεσθαι, κενοὶ λόγοι, λόγος σαπρός, μωρολογία, ὀφθαλμοὶ καρδίας, παραλογίζεσθαι, πιθανολογία, πνεῦμα σοφίας, φιλο- σοφία und φρόνησις"), kann der These günstiger stimmen. Denn die Situation veranlaßte eben die Anwendung der übrigens bis auf ἐπιφανεῖν nachweislich vorhandenen, im Sprachgebrauch disponibeln Worte.

Nimmt man aber endlich hinzu, daß von dem entscheidenden „μυστήριον" auch im 1. Korintherbrief 2, 7; 13, 2; 14, 2; 15, 51 und im Römerbrief 11, 25 geredet wird; daß es 1. Kor. 2, 6. 7 heißt: „Wir reden Weisheit, wo wir es mit Gereiften zu thun haben, doch nicht die Weisheit dieser Welt, auch nicht die der Herrscher dieser Welt, welche zu nichte werden; sondern was wir reden, ist Gottes Weisheit im Geheimnis, die verborgene, welche Gott verordnet hat vor aller Welt zu unserer Herrlichkeit, die keiner von den Herrschern dieser Welt erkannt hat: denn wenn sie sie erkannt hätten, so hätten sie den Herrn der Herrlichkeit nicht gekreuzigt": so wird auch diese Erkenntnis, um die es sich handelt, ganz wie der Glaube, als eine sittlich bedingte, durch die ganze Willensrichtung bestimmte charakterisiert. So 1. Kor. 1, 22: „Nachdem Juden Zeichen fordern und Griechen nach Weisheit fragen, predigen wir dagegen Christus, den Gekreuzigten, für Juden ein Ärgernis, für Heiden eine Thorheit; denen aber, die berufen sind, Christus: Gottes Kraft und Gottes Weisheit." So 1. Kor. 1, 30. Bleibt das der Grundgedanke und der Sinn aller Ermahnungen in dieser Richtung in den Gefangenschafts= briefen, so befinden sie sich nicht nur auch in diesem Punkte in vollem Einklang mit den älteren Lehrbriefen, sondern es fällt von hier neues Licht auf diese Kundgebungen.

---

4. Sind fortgebildete Lehren nachweisbar?

Im Sinne einer „electio aeterna des Einzelnen" verstehe ich Eph. 1, 4 nicht. Paulus weiß sich und seine Mitgläubigen nur „ἐν αὐτῷ" auserwählt. Nur als Zugehörige zu ihm, als Christusgläubige, als solche, die sich von ihm haben auserwählen lassen aus der Welt der Gottabgewendeten. Der Christusgedanke schließt eo ipso auch den Gedanken einer Christusgemeinde ein,

aber nicht ben einer Zahl im voraus einzeln bestimmter Personen,
sondern lediglich ben einer im Einzelnen noch ganz unbestimmten
Gemeinde von solchen, welche sich „ἐν αὐτῷ“ „suchen und retten“
lassen. Wer biese sein werden, ist nicht Gegenstand einer Auswahl
im voraus, sondern entscheidet sich letztlich nicht ohne ben Willen
derer selbst, an bie bie Prebigt von bem ergeht, in bem, soviel
an Gott liegt, allem Volke Freude widerfahren soll. Nur in ihm
können wir „heilig und unsträflich vor Gott“ werden und nimmer=
mehr aus eigener Kraft, aber barum boch nicht ohne unsern Willen
und nicht ohne mit bemselben und burch ihn. Der paränetische
Ton der Gefangenschaftsbriefe hätte keinen Sinn, wenn es aus=
schließlich von einer Auswahl πρὸ καταβολῆς κόσμου abhinge,
ob und wer gerettet würde und wer nicht. Die Frage, ob es
„erst in ihnen zu einer electio aeterna“ des Einzelnen „kommt“,
setzt sich damit selbst von der Diskussion ab.

Aber „die kosmische Bedeutung Christi“? Daß sie eine fort=
gebilbete Lehre erst der Gefangenschaftsbriefe sei, dafür fällt das
so gewichtige wie konservativ vorsichtige Urteil von B. Weiß
(S. 423) in die Wagschale. Indessen die Präexistenz Christi vor
zunächst seinem Erdenwandel setzen auch die älteren Briefe nicht
nur voraus, sondern lehren sie so an ben bereits baraufhin be=
sprochenen Stellen Gal. 4, 4 und Röm. 8, 3, wie 2. Kor. 8, 9:
„Denn ihr kennt die Gnade unsers Herrn Jesus Christus, baß
er um euretwillen arm wurde (ἐπτώχευσεν, „ingressiver Aorist“,
Blaß, S. 188), da er reich (πλούσιος ὤν) war (Weizsäcker), damit
ihr burch seine Armut reich würdet.“ Sowohl seine Kol. 1, 15 u. 17
bezeugte Präexistenz vor allen Kreaturen, als auch das „ἐν αὐτῷ
κτισθῆναι τὰ πάντα“ schließt ein und bestätigt 1. Kor. 8, 6:
„So giebt es boch für uns nur einen Gott, von welchem alles ist
und wir auf ihn hin („ἐξ οὗ τὰ πάντα καὶ ἡμεῖς εἰς αὐτόν“),
und einem Herrn, Jesus Christus, burch welchen alles ist und
wir burch ihn („δι᾽ οὗ τὰ πάντα καὶ ἡμεῖς δι᾽ αὐτοῦ“). Sogar
die Selbsterniedrigung (Phil. 2, 6) ist nur der Ausbruck der Sache,
die burchweg neutestamentlich ist. Ebensowenig vermag ich „das
Heilswerk in seiner kosmischen Bedeutung“ (S. 428) als eine
fortgebilbete Lehre anzuerkennen. Nicht nur findet sich das
ganze Material, aus bem sie besteht, auch sonst. Die Engel
spielen ihre Rolle als Dienstbeflissene des Herrn. Die Macht
des Reiches der Finsternis erscheint bei ben Synoptikern ge=

brochen. Sondern im lehrhaften Sinne verstehe ich die Äußerungen in dieser Richtung überhaupt nicht, weder die der Gefangenschafts=briefe noch die des übrigen Neuen Testaments. „Daß das Heils=werk nur die ursprünglich gottverwandte Natur des Menschen herstelle" (S. 433), trage ich Bedenken (Eph. 1, 9. 10), als Lehre der Gefangenschaftsbriefe zuzugeben. Eph. 4, 18: „ἀπηλλοτριωμένοι τῆς ζωῆς τοῦ θεοῦ" infolge der selbstverschuldeten religiösen Ver=finsterung des Heidentums „nicht nur, wie in den älteren Briefen" im Sinne einer „tiefen sittlichen Versunkenheit, sondern" als „Entfremdung von dem (ursprünglich besessenen) göttlichen Leben" zu deuten, sehe ich keinen textlichen Anlaß und keine Berechtigung. „Dies also sage ich und beschwöre euch im Herrn, nicht mehr zu wandeln, wie auch die Heiden wandeln in der Eitelkeit ihres Sinnes" (V. 17), „verfinsterten Denkens, entfremdet vom Leben mit Gott (ἀπηλλοτριωμένοι τῆς ζωῆς τοῦ θεοῦ), wegen Mangels an innerem Verständnis (διὰ τὴν ἄγνοιαν τὴν οὖσαν ἐν αὐτοῖς) und Herzensverstockung, die da aller Scham bar geworden sich der Unsittlichkeit hingegeben haben und allerlei Unreines in Hab=sucht betreiben" (V. 18). Das ist genau ein Sittenbild, wie das Röm. 1, 21 ff. Wie dort, ist auch hier der Grund alles Übels die Entfremdung von Gott, vom Leben mit Gott. Nicht „von dem ursprünglich besessenen göttlichen Leben," sondern von dem Leben mit Gott, welches die Heiden seiner Offenbarung ἐν αὐτοῖς gemäß hätten führen können und sollen (Röm. 1, 19). Auch Kol. 3, 9 und 10 und Eph. 4, 24 erinnern nur im Ausdruck an die erste Schöpfung, spielen auf Gen. 1, 26. 27 an, aber ihr Ziel liegt höher, als nur „die ursprüngliche gottverwandte Natur des Menschen" wiederherzustellen: „Lüget nicht gegeneinander, da ihr ausgezogen habt den alten Menschen mit seinen Thaten und angezogen den neuen, der sich verneuert zur Erkenntnis nach dem Bilde des, der ihn geschaffen hat" (Kol. 3, 9 und 10). Aus=gezogen haben die Kolosser den Heiden (3, 5—9), angezogen den Christen. Der ist nicht etwas Fertiges, sondern bedarf fortgehen=der Erneuerung zur Erkenntnis, jener innerlich bedingten und dem innerlichen Leben korrelaten Vertiefung in das Geheimnis des Gotteswillens (Eph. 1, 9), κατ' εἰκόνα τοῦ κτίσαντος αὐτόν. Wer hat den neuen Menschen geschaffen? Darauf kann die Ant=wort nur lauten: Gott in Christus. Genau was 2. Kor. 5, 17 lehrt: „Ist einer in Christus, so ist er eine neue Kreatur" (καινὴ κτίσις). Und er wird es je mehr, je mehr Christus die Norm seiner fortgehenden Erneuerung bleibt — κατ᾽ εἰκόνα (vgl. Phil. 2, 5). Diese „neue Kreatur" ist mehr als die ursprüngliche Natur des Menschen. Eine Fortbildung der Lehre über die der Korintherstelle hinaus ist nicht zu konstatieren. Zu demselben Ergebnis führt Eph. 4, 24: „Ziehet an den neuen Menschen, der nach Gott geschaffen ist („καὶ ἐνδύσασθαι τὸν καινὸν ἄνθρωπον τὸν κατὰ θεὸν κτισθέντα ἐν δικαιοσύνῃ καὶ ὁσιότητι τῆς ἀληθείας"). Die Gesinnung, die der ursprüngliche Mensch erreichen sollte und nicht erreicht hat, ist in Christus verwirklicht und erst durch ihn in seinen Gläubigen ermöglicht. Da ist wieder mehr als im An= fang. Die Schätzung des Heilswerkes ist keine andere als in den älteren Briefen. In ihnen wie in den Gefangenschaftsbriefen ist der Christ eine neue Kreatur, aber auch hier wie dort eine, die fortgehender Erneuerung bedarf. Der Gegensatz zwischen dem sarkischen und pneumatischen Menschen, dem irdischen und dem himmlischen d. h. dem gottabgewendeten und gottzugewendeten, ist für den Christen überwunden, aber bleibt darum doch ein immer von neuem zu überwindender. Selbst „daß wir durch Christus Zugang zu Gott haben," ist nicht den Gefangenschaftsbriefen „eigentümlich" (Eph. 2, 18; 3, 12), sondern liegt Röm. 5, 1 ff. in direkt lehrhafter Weise bereits vor.

5. Die Kirche.

Die Gemeinde der Gläubigen, die ἐκκλησία im Sinne der Gesamtgemeinde (1. Kor. 12, 28), der Kirche, ist das σῶμα, zu dem Christus das Haupt ist. Gott hat ihn ihr gegeben, Eph. 1, 22: „καὶ αὐτὸν ἔδωκεν κεφαλὴν ὑπὲρ πάντα τῇ ἐκκλησίᾳ, ἥτις ἐστὶν τὸ σῶμα αὐτοῦ." Der Gedanke, selbst in der Universalität, findet sich bereits 1. Kor. 12, 12: „καθάπερ γὰρ τὸ σῶμα ἕν ἐστιν καὶ μέλη πολλὰ ἔχει, πάντα δὲ τὰ μέλη τοῦ σώματος πολλὰ ὄντα ἕν ἐστιν σῶμα, οὕτως καὶ ὁ Χριστός" (vgl. V. 27). So Kol. 1, 18: „αὐτός ἐστιν ἡ κεφαλὴ τοῦ σώματος, τῆς ἐκκλησίας." (V. 24; Eph. 4, 12. 15.)

Genau genommen ist es nur die Konsequenz dieses Bildes, daß, wie das σῶμα der κεφαλή unerläßlich bedarf, so auch diese

8*

jenes. Aber es ist doch bemerkenswert, daß Eph. 1, 23 diesen letzteren Gedanken direkt ausspricht und anerkennt: der Leib, nämlich die Kirche, ist das πλήρωμα τοῦ πάντα ἐν πᾶσι πληρουμένου, ist das, was das Wesen Christi erst voll macht. So B. Weiß, S. 435. Die Stelle läßt indessen auch die weniger frappierende Erklärung zu: die Gemeinde sei die Fülle dessen, der alles in allen erfüllt, in dem Sinn, in der Gemeinde erreiche sein Erfüllen den reichsten und intensivsten Grad, sie sei am meisten von ihm erfüllt, der alles in allen erfülle; sie sei die volle Trägerin seines himmlischen Lebens. Die Deutung ist möglich und unanstößig, der Gedanke einfach und verständlich.

Aber auch das Verständnis ist möglich: in der Gemeinde wird erst das, was Christus seiner Lebensmission nach ist, perfekt und voll. Und auch so behält der Spruch seinen tiefen Sinn. Denn einen Erlöser, Heiland, Seligmacher giebt es allerdings nicht ohne solche, die sich erlösen, heilen, selig machen lassen. Das hat also freilich nicht den Sinn, als ob der eingeborene Sohn Gottes der Gemeinde bedürfte, etwa zur Erfüllung resp. Ergänzung seines eigenen Wesens. Aber der Messias, der Stifter und König des messianischen Reiches, der Friedensbringer aller Welt, wurde er erst dadurch, daß ihn eine Gemeinde umgab und ihm diente. Zu dieser seiner Berufserfüllung war die Gemeinde, an der er eben sein Werk vollbrachte, ganz unerläßlich, genau so wie der Mittelpunkt des Kreises nicht entraten kann, selbst um Mittelpunkt zu sein. Ein Punkt bleibt er auch ohne die Peripherie, aber dieser Mittelpunkt wird er erst mit dieser Peripherie. Ein lebendiges Haupt kann Christus nicht sein ohne Leib, dessen Haupt er ist. Die Kirche gehört zu Christus, und erst in ihr vollendet er sein Werk und erfüllt er seinen Beruf, die eben damit „die Centralsphäre der vollendeten Welt" (Stier) wird. Sie ist es nicht mit einemmal, sondern sie wächst, dem Senfkorn gleich, bis zur „ἡλικία τοῦ πληρώματος τοῦ Χριστοῦ" (4, 13) und weiter zum πληρωθῆναι εἰς πᾶν τὸ πλήρωμα τοῦ θεοῦ" (3, 19), „so daß Gott alles in allen ist" (1. Kor. 15, 28); in der nichtjüdischen und der jüdischen Welt, das gleiche Heil für die Fernen wie für die Nahen (Eph. 2, 17); die Kirche, in der alle beflissen sein sollen, zu bewahren die Einheit des Geistes in dem Band des Friedens: „Ein Leib und ein Geist, wie ihr auch berufen seid in einerlei Hoffnung eures Berufes (Eph. 4, 3. 4), bei aller Mannigfaltigkeit der Gnadengaben, nach dem Maß, in dem sie Christus darreicht (Eph. 4, 7), als Apostel, als Propheten, als Evangelisten, als Hirten und Lehrer (V. 11), als ἐπίσκοποι und διάκονοι (Phil. 1, 1), aber in einmütigem Kampfe für den Glauben des Evangeliums, in keinem Punkte erschreckt von den Widersachern (Phil. 1, 28), ohne Parteitreiben und Ehrgeiz (2, 3), sondern in liebevoller Demut untereinander: „μηδὲν κατ᾽ ἐριθείαν μηδὲ κατὰ κενοδοξίαν, ἀλλὰ τῇ ταπεινοφροσύνῃ" (2, 3), „μὴ τὰ ἑαυτῶν ἕκαστοι σκοποῦντες, ἀλλὰ καὶ τὰ ἑτέρων ἕκαστοι" (V. 4). Welch ein Bild! Und welch ein Kontrast, wenn man die Wirklichkeit von damals und von heute vergleicht und daran mißt! Und welche Aufgaben lagen dieser Kirche auch in socialer Beziehung vor; aber sie bleibt auch ihnen gegenüber die ἐν πνεύματι wirksame. Sie löst die gemischten Ehen nicht auf, und sie reizt die Sklaven nicht zum Abschütteln ihrer Ketten. Aber sie befreit die Gewissen und weckt sie, daß sowohl der christliche Gatte sich auch so beweise seinem heidnischen Verbundenen gegen= über, als auch der christliche Sklave umsomehr seine Schuldigkeit thue um des Herrn willen, als ἐν ἁπλότητι καρδίας φοβούμενοι τὸν κύριον (Kol. 3, 22), „ὡς δοῦλοι Χριστοῦ ποιοῦντες τὸ θέλημα τοῦ θεοῦ ἐκ ψυχῆς, μετ᾽ εὐνοίας δουλεύοντες ὡς τῷ κυρίῳ καὶ οὐκ ἀνθρώποις" (Eph. 6, 6. 7). So verfährt Paulus dem Philemon, dem er den Onesimus zurücksendet, und diesem zugleich gegenüber (Philem. 16).

Die Pastoralbriefe.

Die Hauptsumme der christlichen Ermahnung ist Liebe aus reinem Herzen und gutem Gewissen und ungeheucheltem Glauben. Gesund ist der Glaube oder die Lehre, welche sittlich wirksam sich erweist und sich vor Irrungen hütet.

1. Charakter der Briefe.

Die Hirtenbriefe, vertraulichen Charakters, von schlichter Schreibart und doch deutlich und nachdrücklich, wie ein Vater seinen Söhnen zu schreiben pflegt, enthalten Vorschriften für das Hirtenamt des Timotheus und des Titus aus Fürsorge sowohl für die Gemeinden als auch für die Seelsorger, und sind ihrer Natur nach von mehr praktischer als dogmatischer Farbe. Obgleich, wie alle Briefe des Apostels, durchaus Gelegenheitsschriften, sind sie doch als pastoral-theologische Anweisungen von unbestrittenem Wert für alle Zeiten geworden und geblieben. Calvin urteilt: „In his duabus epistolis quasi in viva tabula depictum habemus verum ecclesiae regimen," und die sächsische Kirchenordnung bestimmt, „daß ein Kirchenlehrer auf das Fleißigste die epistolas Pauli ad Timotheum et Titum solle lesen, wieder lesen und oft repetieren, damit er daraus lerne, wie er sich beides in Lehre und Leben halten, auch wie sein eigenes Hausgesinde sein und er dasselbe regieren soll."

Also auch in Lehre. Nach unseren früheren Erörterungen nehmen wir die Hirtenbriefe nicht als Quellen der paulinischen Lehre in Anspruch. Wir beschränken uns vielmehr darauf, ihren Inhalt mit der bisher erhobenen der weniger angefochtenen Briefe des Apostels zu vergleichen.

---

2. Der gesunde Glaube und die gesunde Lehre.

„Der Bischof muß unbescholten sein als Haushalter Gottes, nicht eigenmächtig, nicht jähzornig, kein Trinker, kein Schläger, kein Wucherer, sondern gastfrei, dem Guten zugethan, sittsam, gerecht, heilig, enthaltsam, festhaltend an dem lehrgemäß bewährten Wort, damit er imstande sei, in der gesunden Lehre ebensowohl zu ermahnen als auch die Widersprechenden zu überführen" (Tit. 1, 7—9). Was liegt in dieser Ermahnung? Ich meine das Doppelte: Ein Bischof d. h. ein berufsmäßiger Vertreter des Christusglaubens muß ihn im Leben beweisen durch einen sittlich unanstößigen Wandel, und ferner muß er an dem lehrmäßig bewährten Wort: „ἀντεχόμενον τοῦ κατὰ τὴν διδαχὴν πιστοῦ λόγου" festhalten. Vgl. Röm. 1, 5: „εἰς ὑπακοὴν πίστεως."

Ohne den sittlich wirksamen, den ungeheuchelten (1. Tim. 1, 5) Glauben einerseits und ohne die Treue d. h. das unentwegte Zutrauen zu dem dem Unterricht gemäßen verläßlichen Wort andrerseits kann er weder in der gesunden Lehre ermahnen noch überführen. Aber wohlgemerkt, nicht dieses ohne jenes. Nicht dieses ohne auf der Basis und in der Bewährung von jenem. Die Betonung des ethischen Charakters des Glaubens, wie wir ihn in allen bisher besprochenen paulinischen Briefen, den vier älteren Lehr=, den Thessalonicher= und den Gefangenschaftsbriefen konstatieren durften, zieht sich durch die Pastoralbriefe hindurch. Auch sie anerkennen keinen andern Glauben als den, der sich im Wandel bethätigt.

Unsittliches Wesen widerstreitet der gesunden Lehre (1. Tim. 1, 10). Glaube und Liebe ist ein Begriff, 1. Tim. 1, 14: „πίστεως καὶ ἀγάπης τῆς ἐν Χριστῷ Ἰησοῦ." Ungerecht sein und den Namen des Herrn anrufen, verträgt sich nicht, 2. Tim. 2, 19: „ἀποστήτω ἀπὸ ἀδικίας πᾶς ὁ ὀνομάζων τὸ ὄνομα κυρίου." Glauben halten kann man nur im guten Kampf (1. Tim. 6, 12; 2. Tim. 4, 7). Die in Christus erschienene heilsame Gnade Gottes züchtigt uns, daß wir sollen verleugnen das ungöttliche Wesen und die weltlichen Lüste und züchtig, gerecht und gottselig leben in dieser Welt (Tit. 2, 11 ff.). Die Heiligung der Gläubigen in allen Ständen, das ist Gottes Wille und des Apostels Ermahnung (1. Tim. 2, 10; Kap. 5 u. 6; 2. Tim. 2 u. 3). Man soll und kann nur das Geheimnis des Glaubens haben in reinem Gewissen (1. Tim. 3, 9).

Das gilt auch von der Lehre. Die Sklaven, die ihre Herren nicht aller Ehre wert halten, verunglimpfen, lästern damit den Namen Gottes und die Lehre — ἡ διδασκαλία — (1. Tim. 6, 1). Sie sollen nicht veruntreuen, sondern alle gute Treue erzeigen, auf daß sie die Lehre Gottes, unseres Heilandes, zieren in allen Stücken (Tit. 2, 10) — „τὴν διδασκαλίαν τὴν τοῦ σωτῆρος ἡμῶν θεοῦ κοσμῶσιν ἐν πᾶσιν.“ Auch die Frauen sollen sittig sein 2c., „ἵνα μὴ ὁ λόγος τοῦ θεοῦ βλασφημῆται“ (Tit. 2, 5). Ὁ λόγος τοῦ θεοῦ und διδασκαλία werden synonym gebraucht. Auch der Ausdruck 2. Tim. 2, 9: „ὁ λόγος τοῦ θεοῦ οὐ δέδεται“: „das Wort Gottes ist nicht gebunden“ im Sinne von: „das Evangelium darf geprebigt werden“ führt auf diesen synonymen Gebrauch; und ebenso 2. Tim. 4, 2: „κήρυξον τὸν λόγον,“ also auch von ὁ λόγος schlechtweg, oder „ὁ λόγος τῆς ἀληθείας“ (2, 15): „Trachte dich vor Gott zu bewähren als Arbeiter, der keine Scheu kennt und der das Wort der Wahrheit in seiner Schärfe braucht.“ Man bedarf der Sinnes=änderung zur ἐπίγνωσις ἀληθείας (2, 25). Mit Sünden be=schwert kann man nicht zur Erkenntnis der Wahrheit kommen (3, 7). Gläubig sein und die Wahrheit erkannt haben wird 1. Tim. 4, 3 nebeneinander genannt: „τοῖς πιστοῖς καὶ ἐπεγνωκόσι τὴν ἀλήθειαν.“ Noch näher liegt die epexegetische Fassung des καί, so daß beide Begriffe sich decken. Ebenso nennt sich Paulus Tit. 1, 1 den Apostel Jesu Christi nach Glauben und Erkenntnis der der Frömmigkeit gemäßen Wahr=heit. Der Ausdruck ist bezeichnend: ἀληθείας τῆς κατ᾽ εὐσέβειαν. Was bedeutet er? Wahrheit, welche der Gott=seligkeit entspricht, Wahrheit nach Maßgabe, in genauem Ver=hältnis der Gottseligkeit? Ich meine, das will sagen: die christ=liche Wahrheit ist eine Wahrheit, welche uns in dem Maße auf=geht, in dem wir sie bethätigen, in einem gottseligen Herzen beweisen, genau in dem Maße; darüber hinaus nicht, ja, die wir nur so weit haben, als sie auf uns und in uns ethisch wirksam ist. Daraus folgt: Es giebt keine christliche Erkenntnis ohne εὐσέβεια. Nur anders ausgedrückt: Es giebt im Sinne des Verfassers des Titusbriefes keine christliche Theologie ohne

Frömmigkeit. Nur der Gläubige kommt zur Erkenntnis der Wahrheit, und er kommt zu ihr genau in dem Maße, als sein Glaube sich in Frömmigkeit wirksam beweist und bewährt.

Das ist die gesunde Lehre den Irrlehren gegenüber, die an dem dem Unterricht gemäßen verläßlichen Worte „τοῦ κατὰ τὴν διδαχὴν πιστοῦ λόγου" (Tit. 1, 9) zwar festhält, aber keineswegs wie an einer Formel, an einem Gedächtnismaterial, sondern festhält mit dem Herzen, das danach thut, festhält in frommer Bewährung derselben; also festhält nicht sowohl äußerlich bloß als vielmehr innerlich; also mit, wie der Ausdruck deutlich genug lautet (1. Tim. 1, 5), ungeheucheltem Glauben, „πίστις ἀνυπόκριτος." So verstanden bildet die gesunde Lehre den direkten Gegensatz gegen die dialektischen Manöver der fälschlich sogenannten Wissenschaft — sehr sinntreffend Luther: der falsch berühmten Kunst — ἀντιθέσεις τῆς ψευδωνύμου γνώσεως —, zu deren heillosem, leeren Geschwätz — τὰς βεβήλους κενοφωνίας (2. Tim. 2, 16) —, wovor der Verfasser den Timotheus abschließend warnt und ermahnt, ihm gegenüber die παραθήκη, die überlieferte Lehre, zu hüten (1. Tim. 6, 21). In dieser γνῶσις besteht das Christentum nicht nur nicht, sondern sie führt ab vom Glauben. Die es darin suchen und sich zu ihr bekennen — ἥν τινες ἐπαγγελλόμενοι, es sind nur einige —, sind gerade dadurch vom Glauben abgekommen — περὶ τὴν πίστιν ἠστόχησαν. — Dem entspricht die übrige Lehre der Hirtenbriefe.

---

3. Die via salutis.

Sie geht von Gott aus. Er, der ἀψευδής, hat es von lange her, πρὸ χρόνων αἰωνίων, verkündet (Tit. 1, 2). In Christus ist unser σωτήρ erschienen (1. Tim. 1, 10). Die heilbringende Gnade Gottes allen Menschen, Tit. 2, 11: „ἡ χάρις τοῦ θεοῦ σωτήριος πᾶσιν ἀνθρώποις." Christus hat den Tod inaktiviert und Leben und unvergängliches Wesen an das Licht gebracht: das geistliche Leben nach Überwindung des geistlichen Todes, dem nun auch der leibliche Tod nichts mehr anhaben kann. Und das alles nicht um unserer Werke willen, sondern nach seinem Vorsatz und nach seiner Gnade (2. Tim. 1, 9). „Nicht aus Werken, die wir in Gerechtigkeit gethan hätten, sondern nach seinem Erbarmen hat er uns gerettet durch das Bad der Wiedergeburt und Erneuerung des heiligen Geistes" (Tit. 3, 5); also nicht ohne daß wir uns wiedergebären und erneuern ließen. Der Heilsgrund von uns aus ist — Glaube und Liebe in Jesus Christus (1. Tim. 1, 14). Damit wird nicht der Glaube — „halt im Gedächtnis Jesus Christus, den Auf= erweckten von den Toten, aus dem Samen Davids" (2. Tim. 2, 8) — als das ὄργανον ληπτικον aus dem Centrum verrückt, sondern damit wird nur sein ethisch wirksamer Charakter betont, was dem leeren Wortgeklingel der Irrlehrer gegenüber doppelt geboten erschien und sachlich durchweg von Paulus vertreten wird. Er kennt kein Christentum ohne sittliche Bewährung. Vgl. Tit. 2, 12: „Christus hat sich selbst für uns dahingegeben, damit er uns erlösete von aller Ungerechtigkeit und heiligte ihm selbst ein Volk des Eigentums," ζηλωτὴν καλῶν ἔργων. Und Timotheus soll werden (1. Tim. 4, 12) bei aller seiner Jugend ein Vorbild im Wandel, in Liebe, in Reinheit. Ihm wird die Verheißung und Mahnung zugleich: „Achte auf dich und die Lehre, laß nicht von ihnen: thust du das, so wirst du dich retten und die, welche dich hören" (V. 16). Von der Frau heißt es, daß sie σωθήσεται διὰ τῆς τεκνογονίας, wenn sie bleiben im Glauben und in Liebe und in Heiligung samt Selbstbeherrschung (1. Tim. 2, 15).

Der Siegespreis des guten Kampfes des Glaubens ist das ewige Leben (6, 12; vgl. 1, 16). Aber dieser Kranz wird keinem zuteil, ἐὰν μὴ νομίμως ἀθλήσῃ (2. Tim. 2, 5). Dazu gehört das συνκακοπαθεῖν ὡς καλὸς στρατιώτης Χριστοῦ Ἰησοῦ (V. 3). Die καλὴ στρατεία (1. Tim. 1, 18) kann keinem erlassen werden; und die äquivalente Vergeltung bildet die bestimmte Voraussetzung, 2. Tim. 2, 12: „Dulden wir, so werden wir auch mit herrschen. Verleugnen wir, so wird er uns auch verleugnen"; 4, 14: „Der Herr wird ihm vergelten — nämlich dem Ἀλέξανδρος χαλκεύς — nach seinen Werken"; 1, 16: „Der Herr schenke sein Erbarmen dem Hause des Onesiphorus, weil er mich oft erquickt und sich meiner Ketten nicht geschämt hat"; V. 18: „Der Herr verleihe ihm Gnade zu finden beim Herrn an jenem Tage."

Diese bestimmte Abhängigkeit der Heilserlangung davon, daß unser Glaube zugleich Liebe ist und sich in unserm Wandel beweist, schließt es aus, daß sie auf einer göttlichen Vorherbestimmung der Einzelnen beruht. Die Stelle 2. Tim. 1, 9: „der uns gerettet und berufen hat mit heiligem Rufe; nicht zufolge unserer Werke, sondern nach eigenem Vorsatz und der Gnade, die uns verliehen ward vor ewigen Zeiten, jetzt aber kund gethan ward durch die Erscheinung unseres Heilandes" verstehe ich nicht so, als ob die Einzelnen (B. Weiß, S. 455) Gegenstand der Vorherbestimmung seien, sondern: Die πρόθεσις ist der (universelle) Vorsatz, in Christus zu retten, wer sich retten läßt in aller Welt, nicht nach den Werken, sondern aus Gnaden. Wer nun berufen ist, wie Paulus und Timotheus und ihre Mitgläubigen, der erweist sich eben damit als einer, der die allgemeine πρόθεσις an sich erlebt. Und das darf ihm allerdings ein Trost sein. Es ist der heilige Gotteswille, daß ihm geholfen werde. Aber nur keineswegs anders als so, daß er sich helfen lasse, d. h. von Grund des Herzens die Gnade in Glauben und Liebe ergreife; abtrete von der Ungerechtigkeit — ἀποστήτω ἀπὸ ἀδικίας (2. Tim. 2, 19);[1] sich selbst[2] reinige — ἐκκαθάρῃ ἑαυτόν — zu einem Gefäß der Ehre (2. Tim. 2, 21).

Die Gemeinschaft der Gläubigen ist die Kirche, die Gemeinde des lebendigen Gottes, ein οἶκος θεοῦ (1. Tim. 3, 15). Die Gemeindeleitung liegt in den Händen der Gemeindeältesten πρεσβύτεροι (Tit. 1, 5), die auch den Titel ἐπίσκοποι haben (Tit. 1, 7). Sie haben der Gemeinde ἐν λόγῳ καὶ διδασκαλίᾳ zu dienen, und genießen dafür Verpflegung durch die Gemeinde (1. Tim. 5, 17. 18), sowie schon einer gewissen Exemtion, wenig-

---

[1] Auch H. Holtzmann II, S. 267, versteht 2. Tim. 2, 19 als „Remedur gegen alle Konsequenzen des Prädestinationsbegriffs, sofern hiernach nur in dem steten Sichabscheiden von aller Ungerechtigkeit die subjektive Bürgschaft für die Zugehörigkeit zu jenem Grundsteine liegt, die objektiv in der göttlichen Erwählung beruht."

[2] „Der Nerv einer Stelle wie Röm. 9, 21 wird 2. Tim. 2, 20. 21 durch die nachfolgende Ermunterung, sich selbst zu einem Gefäß der Ehre zu bereiten, durchschnitten" (Holtzmann, S. 268). „Von der Terminologie der Prädestination sind lediglich einige zusammenhangslose Trümmer übrig geblieben" (ibidem). Für mein Verständnis jener Stelle und überhaupt der Stellung der Lehrbriefe zu der Frage existiert diese Differenz der Pastoralbriefe von ihnen nicht. Vgl. oben S. 60 ff.

stens dem Ansatze nach, B. 19: „Gegen einen Ältesten nimm
keine Klage an, es sei denn, daß zwei oder drei Zeugen wider
ihn auftreten. Die sich vergehen, weise in Gegenwart aller zu-
recht, damit auch die übrigen Furcht bekommen." Daraus ist ein
Doppeltes zu ersehen, sowohl daß Timotheus eine den Presbytern
übergeordnete Stellung einnimmt und Disciplinargewalt über sie
hat, als auch, daß die ἐκκλησία keine Gemeinde von καθαροί
war (vgl. 1. Tim. 5, 15; 2. Tim. 2, 26. 27; 1. Tim. 1, 20;
4, 1; Tit. 3, 10). Übrigens beweist der Fall von Ananias und
Sapphira (Apg. 5, 1), daß sie das nie gewesen ist. Daß
Timotheus in seiner Aufsicht über die Presbyter, sowie wenn er
sie durch Handauflegung weihte (1. Tim. 5, 22), den Apostel ver-
trat und als Apostelschüler fungierte, ist anzunehmen. Die apo-
stolischen Gehülfen durchweg werden dazu berufen gewesen sein.
Timotheus selbst seinerseits ist durch Handauflegung des Pres-
byteriums: „διὰ προφητείας μετὰ ἐπιθέσεως τῶν χειρῶν τοῦ
πρεσβυτερίου" (1. Tim. 4, 14) und durch die des Apostels
Paulus, 2. Tim. 1, 6: „διὰ τῆς ἐπιθέσεως τῶν χειρῶν μου"
geweiht worden.

Neben den Presbytern haben die διάκονοι (1. Tim. 3, 8)
ihren Beruf. Sie sollen sich zuerst prüfen lassen — δοκιμα-
ζέσθωσαν πρῶτον, und dann, wenn sie untadelig sind, in den
Dienst treten εἶτα διακονείτωσαν ἀνέγκλητοι ὄντες (1. Tim.
3, 10). — Auch ihre Frauen sollen bei der Prüfung und Be-
urteilung berücksichtigt werden und durchaus ehrbar und zuver-
lässig in allem sein (B. 11). Ob ihnen die Diakonie bei dem
weiblichen Teil der Gemeinde oblag? Es läßt sich das umsomehr
vermuten, als überdem noch Witwen zu demselben Zweck erwähnt
werden, Tit. 2, 4: „Die alten Frauen: in ihrer Haltung, wie es
dem Heiligtum geziemt, ... Gutes lehrend, auf daß sie die
jungen Frauen sittig leiten."

Das himmlische Reich Christi — ἡ βασιλεία Χριστοῦ ἡ
ἐπουράνιος (2. Tim. 4, 18) — beginnt mit seiner Erscheinung:
„Ich bezeuge vor Gott und Christus Jesus, der da richten wird
Lebendige und Tote, sowohl seine Erscheinung, καὶ τὴν ἐπι-
φάνειαν αὐτοῦ καὶ τὴν βασιλείαν αὐτοῦ — (2. Tim. 4, 1).
Auf die erste ἐπιφάνεια folgt sein Reich auf Erden, auf die
zweite sein himmlisches. Timotheus wird 1. Tim. 6, 14 ermahnt.
das Gebot zu halten ohne Flecken und ohne Tadel „μέχρι τῆς

ἐπιφανείας τοῦ κυρίου ἡμῶν Ἰησοῦ Χριστοῦ." Damit ift
mindeſtens die Eventualität in Ausſicht genommen, daß Timotheus
ſie noch erlebt. Daß dieſer Gedanke auch dem glaubensgewiſſen
Ausſpruch zu Grunde liegt, 2. Tim. 4, 18: „Der Herr wird
mich (Paulus) erlöſen von allem böſen Werk und retten in ſein
himmliſches Reich," iſt möglich, aber nicht zu entſcheiden. Der
Vers behält auch ſeinen vollen Sinn, wenn darin nur die Zu=
verſicht zum Ausdruck kommt, daß der Herr, der ihm bisher zur
Seite geſtanden hat in allen Gefahren, ihm auch durchhelfen wird
zuletzt zu ſeinem himmliſchen Reich, in dem allgemeinen Sinn, in
dem nur die ſchließliche Seligkeit des Apoſtels gemeint ſein mag,
gleichviel ob er die *ἐπιφάνεια* noch erlebt oder nicht. Auch V. 8
ſpricht zwar davon, daß der Herr, der gerechte Richter, den Kranz
der Gerechtigkeit vergeltend darreichen werde *ἐν ἐκείνῃ τῇ ἡμέρᾳ,*
nicht allein dem Apoſtel, ſondern allen, welche die Erſcheinung
Jeſu lieb gehabt haben. Aber ob dieſer Tag noch bei Pauli
und aller jener Lebzeiten eintreten werde, darauf hat die Stelle
keine Auskunft. Das alles behält ſeine Wahrheit, auch wenn er
ſpäter kommt. Nur daß es an jenem Tag ein Richten ſein wird
Lebendiger und Toter und zwar nach dem Maß der Vergeltung
— *ἀποδώσει* (V. 8; vgl. Röm. 2, 6—16) — und dann das
himmliſche Reich dieſer *ἐπιφάνεια* folgen wird. So iſt die
Theologie auch der Paſtoralbriefe genuin pauliniſch, ſo „im
großen und ganzen" (H. Holtzmann II, S. 259), wie zumal in
dem grundſätzlich und ausgeprägt ethiſchen Verſtändnis des Heils=
glaubens.